GILLES MOUTOUNET
Mein Hund, mein Guru
11 Glücksknochen für die Seele

Lesen erleben

GILLES MOUTOUNET

MEIN HUND, MEIN
Guru

11 Glücksknochen für die Seele

Aus dem Englischen von Andrea Panster

GOLDMANN

Die englische Originalausgabe erschien 2016 unter dem Titel »My Dog, My Guru. A Dog's Principles for a Happier Life« bei Hay House India in New Delhi, Indien.

Sollte diese Publikation Links auf Webseiten Dritter enthalten, so übernehmen wir für deren Inhalte keine Haftung, da wir uns diese nicht zu eigen machen, sondern lediglich auf deren Stand zum Zeitpunkt der Erstveröffentlichung verweisen.

 Dieses Buch ist auch als E-Book erhältlich.

Verlagsgruppe Random House FSC® N001967

1. Auflage
Deutsche Erstausgabe Mai 2019
© 2019 Wilhelm Goldmann Verlag, München,
in der Verlagsgruppe Random House GmbH,
Neumarkter Str. 28, 81673 München
Originalausgabe: © Hay House India, 2016
Copyright © 2016 Gilles Moutounet
Umschlaggestaltung: UNO Werbeagentur GmbH, München
Coverdesign: Neena Gupta
Umschlagmotiv: Naïa & Léa Moutounet
Lektorat: Mareike Fallwickl, Hof
JG · Herstellung: cf
Satz und Layout: Satzwerk Huber, Germering
Druck und Bindung: Těšínská Tiskárna, A. S., Český Těšín
Printed in Czech Republic
ISBN 978-3-442-22220-9
www.goldmann-verlag.de

Besuchen Sie den Goldmann Verlag im Netz

Für alle misshandelten Hunde:
Ich hoffe, eines Tages werden die Menschen
den Guru in euch erkennen.

Für Mama, der es eine große Freude gewesen wäre,
dieses Buch in Händen zu halten.

Für Papa: Ich hoffe, eines Tages wirst du dieses Buch lesen können.
Denn das würde bedeuten, dass dein Englisch besser geworden ist oder
das Buch einen französischen Herausgeber gefunden hat. :-)

Für Skotti, weil er mich an seiner Weisheit teilhaben lässt.

Inhalt

Vorwort — 9
Einführung — 13

Kapitel 1 — 19
Vertraue einer höheren Macht und glaube an sie

Kapitel 2 — 29
Lebe im Jetzt

Kapitel 3 — 35
Sei dankbar und zeige es

Kapitel 4 — 41
Kommuniziere besser

Kapitel 5 — 51
Liebe bedingungslos

Kapitel 6 — 57
Spiele mit der Natur

Kapitel 7   61
   Pflege einen besseren Umgang mit anderen

Kapitel 8   67
   Habe Geduld

Kapitel 9   71
   Nutze deine Intuition

Kapitel 10   79
   Hüte dich vor klassischer Konditionierung

Kapitel 11   87
   Praktiziere Yoga:
   die Stellungen des Hundes

Schlusswort   97
Dank   103
Über den Autor   107

Vorwort

Als Kind hatte ich nicht viel für Hunde übrig – oder besser gesagt, sie waren mir einfach gleichgültig. Daheim in Paris (wo ich meine Kindheit verbrachte), hatten wir keine Haustiere, und vielleicht lag es daran. Anderseits ist es kein Geheimnis, dass bestimmte Begegnungen und Erfahrungen im Leben einen dramatischen Sinneswandel herbeiführen können.

Ich hielt Hunde für Tiere, die grundlos bellten, ihre Nasen in schmutzige Ecken steckten und völlig ungeniert ihre Haufen auf den Gehwegen hinterließen. (Letzteres ist äußerst ärgerlich, aber einem alten französischen Aberglauben zufolge bringt es Glück, wenn man mit dem linken Schuh hineintritt. Ich glaube allerdings, dass man sich das nur als eine Art Trostpreis für den Pechvogel ausgedacht hat, den es erwischt hat.)

Wie Kinder das so tun, machte ich mir von Zeit zu Zeit einen Spaß mit einem Hund. Einmal – ich war ungefähr elf Jahre alt und auf dem Weg zur Sonntagsschule – sah ich einen Hund an der Straße. Er saß vor einem Supermarkt und wartete auf seinen Besitzer, und als ich vorbeiging, lief er mir hinterher. Amüsiert tat ich, als hätte ich etwas zu fressen in der Hand, und lockte ihn auf diese Weise hinter mir her. Ich war noch zu jung, um mir Gedanken oder gar Sorgen darüber zu machen, wie der Hund zurückfinden sollte. Ich dachte auch nicht an seinen Besitzer, der bestimmt in Panik geraten würde, sobald er das Verschwinden seines Vierbeiners bemerkte.

Ich ließ den Hund einfach mitten im Nirgendwo stehen. Ironischerweise ging ich anschließend in die Sonntagsschule, um zu lernen, wie man ein anständiges Leben führt. Ich bin mir nicht sicher, ob ich damals schon bereit war, das Gelernte umzusetzen. Wie diese Geschichte zeigt, interessierte ich mich nicht sonderlich für Hunde oder ihr Wohlergehen. Ich interessierte mich auch nicht sonderlich für die Sonntagsschule!

Heute ist Paris nur noch eine ferne Erinnerung, denn inzwischen lebe ich mit meiner Familie in Indien. Vor sechs Jahren beschloss meine Frau, unseren beiden Töchtern einen Hund zu schenken, doch ich war strikt dagegen. Ich versuchte, sie davon zu überzeugen, dass es *enorm* lästig wäre, einen Hund im Haus zu haben. »Wer kümmert sich um ihn?«, fragte ich. »Wer sorgt dafür, dass er stubenrein wird?« »Was machen wir mit ihm, wenn wir in den Sommerurlaub fliegen?« Ich zog alle Register, um sie davon abzubringen, aber wo ein Wille ist, ist immer auch ein Weg. Sie wünschten sich einen Hund, und den bekamen sie! Sie nannten ihn Skottï.

Damals hätte ich mir nicht einmal vorstellen können, dass unser neues Familienmitglied mich sechs Jahre später zu einem Buch inspirieren würde. Ich möchte diese Gelegenheit nutzen, unserem treuen Springer Spaniel Skottï dafür zu danken, dass er ein so sanfter Gefährte ist, dass er so liebevoll und glücklich ist. Er weiß, wie man ein glückliches Leben führt.

Und ich hoffe, du wirst bei der Lektüre dieses Buches ebenso viel Freude haben wie ich beim Schreiben.

Viel Spaß beim Lesen!

Einführung

Jeder, dem das Privileg zuteilwurde, einen Hund zu besitzen, hat seinen Vierbeiner mit Sicherheit schon mindestens einmal beneidet. Ein Hund begrüßt dich bei deiner Heimkehr – komme, was da wolle – stets mit einem freudigen Schwanzwedeln an der Tür. Seine Begeisterung ist immer gleich groß, egal, ob du eine Woche im Urlaub oder für fünf Minuten am Briefkasten warst. Oft bellt er, als wärst du ein Jahr fort gewesen, und springt an dir hoch, auch wenn du alle Hände voll mit Einkaufstüten hast.

Ich habe meinen Hund wohl bereits zigtausendmal um sein Leben beneidet. Eines Tages, als dieses treue Geschöpf zu meinen Füßen saß und mich mitfühlend ansah, begann ich darüber nachzudenken, dass dieser Hund stets einen so *glücklichen Eindruck* machte und *warum* das so war; dass ihn nie etwas belastete und er im Großen und Ganzen mit seinem Leben vollauf zufrieden war.

Ich fragte mich: »Wäre es möglich, dass ich von ihm lernen kann, *mein eigenes* Leben besser zu machen? Oder zumindest meine *Einstellung* zum Leben zu verändern?«

Schließlich hat uns Albert Einstein mit den Worten »Schau ganz tief in die Natur, und dann verstehst du alles besser« gerade dazu ermuntert. Einstein war ein Genie und ein großer Denker. Seine Relativitätstheorie führte zu völlig neuen Betrachtungen von Zeit, Raum, Materie, Energie und Schwerkraft. Die These, dass die Natur alle unsere Fragen beantworten könne, half ihm auch bei der eigenen Arbeit.

Tatsächlich wird die Vorstellung, dass wir von der Natur lernen können, bereits seit Menschengedenken weitergegeben. In der Bibel etwa heißt es:

Frage doch das Vieh, es wird dich's lehren,
und die Vögel unter dem Himmel, die werden dir's sagen,
oder die Sträucher der Erde, die werden dich's lehren,
und die Fische im Meer werden dir's erzählen.

Hiob 12,7-8

Mit diesem Zitat möchte ich dem, was ich zu sagen habe, keineswegs einen religiösen Anstrich geben. Ich zitiere Einstein (der Jude war) zusammen mit der Bibel, um zu betonen, dass Weisheit eine über Religionen hinausgehende allgemeine Gültigkeit besitzt. (Das Bibelzitat zeigt mir außerdem, dass der Religionsunterricht in meiner Kindheit keine völlige Zeitverschwendung war, wie ich immer dachte.)

Aber zurück zur Natur. Es ist allgemein bekannt und anerkannt, dass der Mensch nie etwas Neues erfunden hat. Es war alles schon da, es hat alles bereits in der Natur existiert. Wir haben nur beobachtet und imitiert, was sie erschaffen hat. Der Reißverschluss ist das perfekte Beispiel dafür. Er wurde im Jahr 1851 von dem Amerikaner Elias Howe erfunden. Als Inspiration dienten ihm die Federn der Vögel, die mit ineinandergreifenden Häkchen besetzt sind. Und es gibt unzählige weitere Beispiele, die dieses Prinzip ein ums andere Mal beweisen.

Deshalb beschloss ich, mit Rückendeckung durch den berühmten Albert Einstein und einen Bestseller namens Bibel, in den unmittelbaren Austausch mit meinem Hund zu treten. Ich wollte herausfinden, auf welche Weise er meinen Alltag inspirieren konnte.

Bestimmt hast du auch schon mal gehört, dass andere Hundebesitzer Dinge sagen wie: »Ach, es gibt so vieles, was wir von diesen wunderbaren Tieren lernen können« – ohne genauer zu erklären, was sie damit meinen. Ich weiß natürlich, dass sie im weitesten Sinne von der »bedingungslosen Liebe« sprechen, die diese Vierbeiner ihren Besitzern schenken. Aber könnte noch mehr dahinterstecken? Die Natur verlockte mich dazu, so viel von ihr zu lernen, wie ich nur konnte.

Skottï führte zweifellos ein gutes, simples, glückliches Leben, und nachdem ich ihn viele Stunden lang beobachtet hatte, wurde mir klar, dass er offenbar jenes perfekte Gleichgewicht gefunden hatte, nach dem wir Menschen so angestrengt streben. An den ganzen Selbsthilfebüchern, die *ich* mir zu diesem Thema gekauft hatte, konnte das nicht liegen – es sei denn, er las sie hinter meinem Rücken!

Skottï schien es da viel einfacher zu haben. Es war, als ob diese ganze Weisheit fest in seiner Natur verankert wäre und er blitzschnell darauf zugreifen konnte, während ich mich in langer, ermüdender Lektüre darum bemühen musste.

Eines Tages wurde mir schlagartig klar, dass Skottï *mehr* war als nur ein Hund. Dieser Gedanke rührte vielleicht daher, dass wir in Indien leben, dem Land der Mystik und Spiritualität. Ich entdeckte eine Ähnlichkeit zwischen Skottï und einem Mönch in einem tibetischen Kloster: Er war stets ruhig (außer es klingelte an der Tür) und zufrieden mit dem Leben.

Ich beschloss, Skottï von nun an mit anderen Augen zu betrachten – und ihn als Guru zu sehen. Ich nahm mir vor, seine besonders weisen Prinzipien auszuprobieren und aufzuschreiben. Immerhin ist das Wort *dog* (»Hund«) im Englischen ein Anagramm des Wortes *god* (»Gott«), sodass da tatsächlich eine Verbindung bestehen könnte. Zudem hatte ich nie wirklich an Gott geglaubt, und vielleicht konnte ich mich dem Glauben auf diese Weise annähern. Ich war gespannt darauf zu sehen, wohin diese Idee mich führen würde.

Nach langer Zwiesprache mit meinem vierbeinigen Guru – und dank einem Quäntchen Fantasie – kann ich heute mit ein paar einfachen Regeln aufwarten. Sie können allen, die glücklicher leben möchten, eine große Hilfe sein.

Vielleicht bist du jetzt ein wenig skeptisch. Aber keine Sorge, ich werde dir nicht empfehlen, wie ein Hund zu leben. Ich werde nicht verlangen, dass du zur Begrüßung an den Hinterteilen anderer Leute schnupperst! Ich werde dich vielmehr bitten, dich an elf Grundprinzipien zu halten, die unser Guru vorgibt und die gleichzeitig die Kernaussagen dieses Buches sind:

- Vertraue einer höheren Macht und glaube an sie
- Lebe im Jetzt
- Sei dankbar und zeige es
- Kommuniziere besser
- Liebe bedingungslos
- Spiele mit der Natur
- Pflege einen besseren Umgang mit anderen
- Habe Geduld
- Nutze deine Intuition
- Hüte dich vor klassischer Konditionierung
- Praktiziere Yoga: die Stellungen des Hundes

KAPITEL 1

Vertraue einer höheren Macht und glaube an sie

Skottï war noch ein Welpe, als wir eines Abends von einem Ausflug nach Hause kamen und er uns nicht wie üblich völlig aufgedreht begrüßte. Stattdessen lag er ruhig auf dem Boden und sah uns traurig an.

Wir entdeckten eine starke Entzündung an seinem Kopf und seinem Maul, und es ging ihm dementsprechend elend. Das Atmen fiel ihm schwer, und als er die Besorgnis seiner Familie sah, geriet er ein wenig in Panik. Er fragte sich wohl, was mit ihm geschah.

Wir überlegten, was die Entzündung verursacht haben konnte. Hatte er einen Insektenstich? Oder eine Lebensmittelallergie? Obwohl es schon sehr spät war, riefen wir sofort den Tierarzt.

Doch nach wenigen Minuten machte Skottï einen zuversichtlicheren Eindruck. Es schien eine große Erleichterung für ihn zu sein, dass Herrchen und Frauchen zurückgekehrt waren (obwohl wir nicht wussten, wie wir ihm helfen konnten) und er nicht mehr allein war. Trotz seiner vermutlich starken Schmerzen begannen seine Augen bei unserem Anblick zu leuchten, und auch seine Stimmung wurde besser.

Was war der Grund für diesen plötzlichen Wandel? Ganz einfach: Sein Herrchen war wieder da, und Skottï hatte vollstes Vertrauen, dass er das, was ihm gerade widerfuhr, in Ordnung bringen würde. Wenn wir bei ihm sind, ist Skottï immer glücklich – dieser seelenvolle Vierbeiner scheint sich niemals Sorgen zu machen.

Denkst du, dass Skottï sich fragt, woher seine nächste Mahlzeit kommt? Dass er sich sorgt, er könnte kein gemütliches Bett haben für die Nacht? Dass er stundenlang spekuliert, ob am nächsten Tag jemand mit ihm einen Ausflug machen oder mit ihm spazieren gehen wird? Oder gar, ob er etwas Besonderes zum Geburtstag bekommt?

Er tut es nicht! All das ist ihm egal. Weil es nicht sein Problem ist – *sondern das seines Herrchens*. Sei versichert, dass er immer etwas zum Fressen und einen Platz zum Schlafen haben wird. Er wird auch etwas Besonderes zum Geburtstag bekommen (aber ehrlich gesagt macht das den Besitzer der örtlichen Tierhandlung viel glücklicher als das Geburtstagskind selbst).

Doch zurück zu unserer Frage: Ist dies das Geheimnis von Skottïs immerwährendem Glück? Nun, wenn wir der Natur nacheifern wollen, ist diese Erkenntnis ein guter Anhaltspunkt. Nach diesem Vorfall begann ich zu überlegen, wie es wohl wäre, ein Hund zu sein. Was würde das für mich bedeuten?

In jungen Jahren war ich kein Freund der Religion und sah mich trotz meines katholischen Hintergrunds mehr oder weniger als Atheisten. Ich konnte religiösen Menschen – vor allem den orthodoxen, die vorgaben, ihren Glauben und seine Grundsätze buchstabengetreu zu leben – nichts abgewinnen, und das unabhängig von ihrer Religion.

Ich empfand all die »Regeln« organisierter Religionen als Einschränkung. Ich konnte nicht verstehen, warum jemand in den Augen Gottes (so es ihn gab) besser dastehen sollte, wenn er auf ein bestimmtes Nahrungsmittel verzichtete oder auf eine bestimmte Weise betete.

Vielleicht lag es an der Art und Weise, wie man mich an die Religion herangeführt hatte. Im Alten Testament – dem Teil der Bibel, den Kinder zuerst kennenlernen – ist Gott ein sehr starker Charakter und äußerst autoritär.

In der Geschichte von Adam und Eva, in der die Erbsünde mit der Vorstellung von »Gut« und »Böse« eingeführt wird, wirkt Gott besonders streng und nicht wie jemand, mit dem man jeden Tag zu tun haben möchte. Aufgrund des Alten Testaments gewann ich den Eindruck, dass es große Unterschiede zwischen den Menschen gab und einige in den Himmel, andere in die Hölle kamen. Das schien bei anderen Religionen ähnlich zu sein.

Derart beängstigende Konzepte können ein Kind in Angst und Schrecken versetzen und von der Religion entfernen, statt es näher an sie heranzuführen. Inzwischen waren viele Jahre vergangen, und doch war ich mir nicht sicher, ob ich bereit war, die Vorstellung von »Gott« oder einer höheren Macht zuzulassen. Bis ich Bücher von Robin Sharma, Deepak Chopra und Neale Donald Walsch las. Diese Autoren schreiben nicht über Religion an sich, sondern über das Glück und die Prinzipien des Lebens. Ich weiß nicht, ob sie mit Mohammed, Jesus oder Buddha zu vergleichen sind. Aber ich betrachte sie als gute Propheten, weil sie ihre Botschaft klar und deutlich zum Ausdruck bringen.

Sie sind sich einig, dass es etwas Höheres jenseits von uns gibt. Wir könnten Gott dazu sagen, wenn wir wollten, aber auch höhere Intelligenz, Energie, Herr oder Universum. Diese Art zu denken hat mich besonders angesprochen. Ich gebe zu, dass sie meine Sichtweise verändert hat und es ihr gelungen ist, die Vorstellung von einer höheren Macht in mein Leben zurückzubringen. Durch dieses Erwachen – wenn ich es so nennen darf – gelangte ich zu der Überzeugung, dass ich mich intensiver mit diesem Thema beschäftigen und mehr darüber in Erfahrung bringen sollte. Am Ende half es mir, eine Parallele zwischen der Beziehung von Hunden und ihren Herrchen oder Herrn und der Beziehung mancher Menschen zu einer höheren Dimension (die man ebenfalls als den Herrn bezeichnen könnte), dem Universum, einer höheren Macht oder Energie, ja sogar dem Leben selbst zu ziehen.

Aus dieser Assoziation von Gedanken und Parallelität folgt: Wenn ein Hund einen Herrn hat, der für ihn sorgt, gilt dies auch für den Menschen! Der einzige Unterschied besteht darin, dass Skottï mich sehen, zu mir laufen und mir die Wange lecken kann, wenn er will, und dass er es weiß, wenn ich da bin. Wir dagegen können diese höhere Macht weder sehen noch fühlen – zumindest nicht körperlich.

Wir glauben, wir seien den Tieren überlegen, weil wir in abstrakten Kategorien denken können. Wir können über Konzepte, Ideen und andere immaterielle Dinge nachdenken.

Wenn wir also akzeptieren, dass es eine höhere Macht gibt (was zuweilen äußerst schwierig sein kann), ist das erst der Anfang dessen, was die Natur uns lehren kann. Es zeigt uns, dass wir dieser höheren Macht vertrauen und daran glauben müssen! So einfach ist das.

Damals, als es Skottï schlecht ging und er sich fragte, was mit ihm geschah, schenkte ihm sein Glaube an uns neue Kraft. Das ist von großer Bedeutung, und viele Menschen haben dieses Phänomens bereits erkannt. Deborah Morrison schreibt in ihrem Buch *The Law of Attraction* (»Das Gesetz der Anziehung«): »… wir müssen unsere Sorgen um Geld, Nahrung, Obdach und die Zukunft einer höheren Macht übergeben.«

Eine ähnlich kraftvolle Aussage findet sich in Annemarie Postmas Buch *The Deeper Secret: Das tiefere Geheimnis*. Sie schreibt: »Die meisten Menschen können das, was ihnen weniger wichtig ist, recht leicht loslassen. Das darf dann Gott oder das Universum übernehmen. Aber wenn uns etwas wirklich wichtig ist, dann kümmern wir uns doch lieber selber darum, auch wenn wir merken, dass gut für uns gesorgt ist, wenn wir loslassen, was uns so wichtig scheint.«

Wie hoffentlich klar ersichtlich ist, geht es hier hauptsächlich darum, diese Dinge loszulassen. Wir sollten es *bereitwillig* tun, da viele Glaubensrichtungen diese Vorstellung teilen und dieser Ansatz universell ist.

Ich zitiere hier aus zeitgenössischen Büchern zum Thema, möchte aber darauf hinweisen, dass dieser Gedanke sowohl in der Bibel als auch im Koran zu finden ist:

Darum sollt ihr nicht sorgen und sagen:
Was werden wir essen? Was werden wir trinken?
Womit werden wir uns kleiden?
Nach solchem allen trachten die Heiden.
Denn euer himmlischer Vater weiß, dass ihr des alles
bedürfet. Trachtet am ersten nach dem Reich Gottes und nach
seiner Gerechtigkeit, so wird euch solches alles zufallen.

Matthäus 6, 31-33

Was bei Gott (als Lohn für euch) bereitsteht,
ist besser als die Ablenkung und die
Handelsware (die euch in die Augen stechen).
Gott kann am besten bescheren.

Sure 62, 11

Guru Skottï hält sich ohne Frage an dieses einfache Prinzip. Der Guru denkt nicht an die nächste Mahlzeit, denn er weiß, dass die höhere Intelligenz dafür sorgen wird. Das nenne ich Glauben!

Für uns bedeutet dies, dass wir uns keine Sorgen machen, sondern darauf vertrauen sollten, dass sich das Universum darum kümmern wird. Es bedeutet auch, dass diese Macht weiß, was das Beste für uns ist, und uns wissen lässt, was wir wissen müssen. Unser Gott, unsere höhere Macht oder das Universum – wer mag, kann sie sogar als Engel bezeichnen – ist stets für uns da und gibt uns alles, was wir brauchen!

Dadurch können wir uns von allen Erwartungen ans Leben lösen. Wir Menschen glauben oft zu wissen, was das Beste für uns ist. Wir versuchen, das Leben zu planen, und stellen allerhand Erwartungen an Beziehungen, Berufsweg, Status und so weiter. Diese Vorstellungen führen zu Frustration und Verbitterung und stehen einem glücklichen Leben im Wege.

Die Natur zeigt uns, dass das nicht nötig ist. Wir müssen nur auf sie vertrauen und wissen, dass alles, was uns das Leben bringt, zu unserem Besten ist. Wir müssen das Leben so gut wie möglich genießen. Wir müssen annehmen, was unserer Wege kommt – ganz gleich, ob es eine gute Mahlzeit, ein Ausflug in den Park oder ein Besuch beim Tierarzt ist.

Zu guter Letzt erinnert mich all das an einen Satz, der überall im Internet zu lesen ist: »Lass los und lass Gott wirken.« Wenn wir im Sinne dieses Buches mit dieser Formulierung spielen, können wir sie wie folgt verändern: »Sei wie ein Hund, lass los und lass Gott wirken.«

KAPITEL 2

Lebe im Jetzt

Wir kennen jetzt das erste Prinzip und wissen: Skottï vertraut stets darauf, dass wir seine Grundbedürfnisse erfüllen. Das heißt, dass er seinen Tag ohne Spannung oder Sorge verbringen kann. Aber das *allein* ist es nicht: Skottï hat keinen Bezug zur Vergangenheit, kann nicht an die Zukunft denken und lebt deshalb ausschließlich in der Gegenwart – im Jetzt.

Natürlich kann er sich kleine Dinge merken, die er einmal gelernt hat: Er weiß zum Beispiel, wo wir seine Lieblingsleckerlis aufbewahren, und findet den Weg nach Hause. Aber das hat keinen Einfluss auf seine Psyche und seine Fähigkeit, den Moment zu genießen. Er lebt nur für den Augenblick – ganz egal, ob er gerade sein Mittagessen verspeist oder auf seinem Morgenspaziergang einen Vogel jagt.

Ab und zu überfrisst er sich und bekommt Bauchschmerzen. In Extremfällen übergibt er sich sogar. Bevor das passiert, gibt er uns immer ein Zeichen. Meist liegen ein paar Sekunden zwischen dem Signal und dem Moment, in dem es losgeht. Das verschafft uns genügend Zeit, in die Küche zu laufen, eine alte Zeitung zu schnappen und vor ihm auszubreiten, damit er tun kann, was er tun muss.

Ich bin immer überrascht, wie schnell sich Skottï anschließend wieder erholt. Sobald die Sache erledigt ist, springt er erneut zufrieden herum und wedelt mit dem Schwanz. Es ist, als wäre nichts gewesen.

Bei mir ist das anders. Mir wird beim Autofahren häufig schlecht (besonders, wenn meine Frau am Steuer sitzt – okay, das war ein Scherz), und ich brauche immer Stunden, um mich davon zu erholen. Als Kind suchte ich Zuflucht in den Armen meiner Mutter und suhlte mich in Selbstmitleid, statt die Sache einfach zu vergessen! Dieses Bedürfnis, mich selbst zu bemitleiden, war wenig hilfreich. Ich verlieh der ganzen Angelegenheit damit nur Dramatik.

Nachdem ich gesehen habe, wie Skottï sein Leben bewältigt, ergibt alles einen Sinn. Wir können eine hilfreiche Lehre daraus ziehen: Wir sollten versuchen, so viel wie möglich im Jetzt zu sein. Denn wenn wir im gegenwärtigen Augenblick leben, tun wir zweierlei:

1. Wir denken nicht an die Vergangenheit.
2. Wir denken nicht an die Zukunft.

Die Idee, im Jetzt zu leben, um glücklicher zu sein, ist nicht neu. Wenn wir uns genauer ansehen, wie der Geist funktioniert, werden wir merken, dass er sich meist an der Zeit orientiert – und sich entweder mit der Vergangenheit oder der Zukunft beschäftigt. Mit dem Blick in die Vergangenheit holen wir Gefühle wie Bedauern, Schuld und Traurigkeit in die Gegenwart. Wir unternehmen eine Reise in die Vergangenheit und kehren mit Erinnerungen zurück, die unsere augenblicklichen Empfindungen stören und uns niedergeschlagen machen.

Am anderen Ende des Spektrums befinden sich die Gedanken an die Zukunft. Meist bedeutet das, dass wir ununterbrochen grübeln, was als Nächstes passieren wird – mit großen Erwartungen oder mit Ängsten und Sorgen. Auch diese Gedanken verursachen in der Gegenwart Stress.

In seinem Buch *Jetzt! Die Kraft der Gegenwart* zeigt Eckhart Tolle, dass er dieses Phänomen hervorragend versteht. Er beschreibt es so gut, dass ich das Buch wärmstens empfehle. Paulo Coelho erinnert in seinem Bestseller *Der Alchimist* daran: »Wenn du immer in der Gegenwart leben kannst, dann bist du ein glücklicher Mensch«, denn »in der Gegenwart liegt das Geheimnis«. Er wurde vielleicht von Buddha inspiriert, dem das folgende Zitat zugeschrieben wird: »Verweile nicht in der Vergangenheit, träume nicht von der Zukunft. Konzentriere dich auf den gegenwärtigen Moment.«

Diese Beispiele zeigen, dass die Vorstellung vom Leben im Jetzt universell ist. Es ist die interessanteste »Regel« für ein besseres Leben, aber auch die schwierigste, da unser Verstand ständig mit irgendetwas beschäftigt ist. Schwierig bedeutet allerdings nicht unmöglich. Am Ende geht es darum, dass sie uns inspiriert und wir unser Bestes geben. Möglicherweise stellen wir fest, dass wir nicht rund um die Uhr im Jetzt leben können. Ich glaube sogar, dass dies nur wenigen Menschen gelingt. Aber ein paar Minuten am Tag sind ein guter Anfang.

Das Prinzip vom Leben im Jetzt dürfte noch schwieriger umzusetzen sein, wenn in deinem Leben gerade nichts Besonderes passiert. Denn du könntest dies für einen guten Grund halten, einen Abstecher in die Vergangenheit zu machen oder dich in der Vorstellung zu verlieren, die Zukunft werde bessere Tage bereithalten. Diese Versuchung dürfte ganz normal sein, sie hilft im gegenwärtigen Augenblick aber nicht weiter. Besser wäre es, wenn du dich auf die Dinge konzentrierst, die dir den heutigen Tag verschönern, und deine gesamte Zeit und Mühe darauf verwendest, dein Leben so gut wie möglich zu machen.

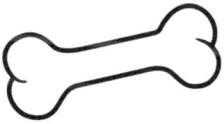

KAPITEL 3

Sei dankbar und zeige es

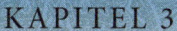

Das dritte Prinzip lautet, dass man mit dem zufrieden sein sollte, was man hat, und nicht vergessen sollte, diese Zufriedenheit auch zu zeigen. Aber was heißt das genau?

Skottï nutzt jede Gelegenheit, uns zu zeigen, dass er sich freut. Über seine letzte Mahlzeit, einen Besucher – stets ein wichtiges Ereignis im Leben eines Hundes –, ein gemeinsames Ballspiel oder etwas Ähnliches. Er kann seine Freude über und seine Dankbarkeit für diese Dinge ausdrücken, weil er im *gegenwärtigen Augenblick* lebt, statt sich an der Vergangenheit oder an künftigen Aktivitäten zu orientieren.

Für uns Menschen bedeutet das, dass wir in Gedanken nicht bei dem verweilen sollten, was früher einmal war oder was wir uns für die Zukunft erhoffen. Stell dir zum Beispiel vor, du hättest früher viel mehr Geld oder eine tolle Beziehung gehabt, die es nun nicht mehr gibt. Vielleicht hast du dein Vermögen oder den geliebten Menschen aus irgendeinem Grund verloren, doch auch wenn du dich daran klammerst, kommt nichts davon zurück. Du gewährst dadurch nur der Traurigkeit Einlass in dein Leben.

Und wenn du bloß an die Zukunft – den nächsten Job, den nächsten Wagen oder die nächste perfekte Beziehung – denkst, kannst du der Gegenwart ebenfalls keine Beachtung schenken. Die Gegenwart ist das, was *heute* ist. Ihr sollte deine Aufmerksamkeit gelten! Du hast nur diesen Augenblick – *mehr nicht.* Alles andere ist reine Illusion und für die unmittelbare Situation nicht von Belang.

Aber da ist noch mehr. Es genügt nicht, dankbar für das zu sein, was man hat. Man muss diese Dankbarkeit auch *zeigen*. Skottï springt herum und wedelt mit dem Schwanz, um zum Ausdruck zu bringen, dass er glücklich ist. Es mag seltsam klingen, aber sein Verhalten hat noch einen weiteren großen Nutzen: Indem Skottï seine Freude vor uns zur Schau stellt, *macht er auch uns glücklich!*

Das gilt natürlich nicht immer, aber in Gegenwart eines Hundes, der seiner Dankbarkeit und Freude Ausdruck verleiht, bin auch ich meist glücklich – und tue im Gegenzug mein Möglichstes, um ihn noch glücklicher zu machen! Nun wissen wir, dass ich Skottïs Herrchen bin. Man könnte sagen, ich bin seine Welt; ich bin für ihn wie Gott! (Ich bitte um ein wenig Geduld. Eine derart gewichtige Aussage mache ich nicht ohne Grund.)

Wenn ich von der Theorie ausgehe, dass es eine höhere Macht (eine Energie, mein ganz eigenes Universum, Engel oder gar Gott) gibt, dann wäre es möglich, dass mein Ausdruck von Dankbarkeit und Freude über das, was ich habe, auch die höhere Macht oder meinen Gott erfreut und ich ein paar Goldsternchen dafür bekomme!

So merkwürdig sich das auch anhören mag: Genau das ist der Fall. Es wird gelegentlich als Gesetz der Anziehung bezeichnet, aber Tatsache ist, dass Glück noch mehr Glück anzieht. Viele Menschen erklären diese Theorie mit den Worten, dass alles »Schwingung« sei. Dahinter steht die Vorstellung, man würde im Leben oft jene Dinge anziehen, die die gleiche Schwingung haben wie man selbst.

Wenn Skottï mit dem Schwanz wedelt, weil ihn sein Leben in diesem Augenblick glücklich macht, verbreitet er starke positive Schwingungen, sodass auch *ich* mich glücklich fühle. Nach einem unerquicklichen Arbeitstag funktioniert das besonders gut! Stell dir vor, du kommst schlecht gelaunt nach Hause, aber dein Hund weiß nicht, dass du einen miesen Tag hattest. Für ihn ist alles wie immer. Du warst den ganzen langen Tag fort und bist nun zu ihm zurückgekehrt. Kannst du dir vorstellen, wie schön das für ihn ist?

Er ist so dankbar für diesen Augenblick: Er bellt, springt, wedelt mit dem Schwanz und ist außer sich vor Freude darüber, dich zu sehen. Da geschieht das Wunder. Seine Freude wirkt ansteckend. Irgendwie springt seine gute Laune auf dich über und zaubert ein Lächeln auf dein Gesicht. Beim Anblick von so viel Freude wird dir leichter ums Herz, und vielleicht belohnst du deinen Hund dafür.

Auf den Menschen übertragen, bedeutet dieses Prinzip: Wenn wir der Welt und dem Universum unser Glück zeigen, wird das Universum uns ebenfalls mit Positivität und Glück überhäufen. So einfach ist das. Wenn es bei Skottï funktioniert, warum sollte es dann nicht auch bei uns funktionieren?

Da wir gerade dabei sind: Hast du schon einmal darüber nachgedacht, wie gut die Freude eines Hundes in seiner Schwanzbewegung zum Ausdruck kommt? In einem Schwanzwedeln steckt jede Menge Energie. Diese Energie ist so groß, dass man besser alle Gläser, Vasen oder alles Porzellan in Sicherheit bringen sollte, die sich auf gleicher Höhe befinden. Andernfalls könnte ein Unglück geschehen.

Dieses Beispiel zeigt, wie ein *Gefühl* direkt in körperliche *Bewegung* überführt wird. Damit der Schwanz wedelt, bedarf es einer inneren Schwingung im Nervensystem unter Beteiligung der Synapsen und Muskeln. Es beweist, dass in der Natur alles miteinander verbunden ist und durch mehr oder weniger starke Schwingungen zum Ausdruck kommt.

Du wirst merken, dass es viele Möglichkeiten gibt, Dankbarkeit zu zeigen. Am einfachsten ist es natürlich, dem Leben, Gott oder den Engeln so oft wie möglich »Danke« zu sagen. Wie du vielleicht vermutest, geht es darum, sich nicht zu beklagen, sondern sich stets um eine positive Einstellung zu bemühen. Du kannst auch herumspringen und zu deiner Lieblingsmusik tanzen. Das bringt dich sofort in Schwung und in Einklang mit anderen Energien, die deiner ganz persönlichen Vorstellung vom Glück entsprechen.

Im Koran sagt der Prophet:

*Wenn ihr dankbar seid,
werde ich euch noch mehr (Gnade) erweisen.*

Sure 14, Abraham: 7

KAPITEL 4

Kommuniziere besser

Glück ist eine Frage der Kommunikation.

Skottï kann nicht sprechen. Er kann sich aber *durchaus* ausdrücken, ohne dabei irgendetwas zu verheimlichen. Wie oft muss er bellen, damit wir ihm unsere Aufmerksamkeit schenken? Ganz gleich, ob es ums Fressen oder einen Spaziergang geht – er drückt sich stets richtig aus. Er ist dabei auch gar nicht schüchtern.

Er zeigt, wenn er glücklich ist; er zeigt auch, wenn er aufgebracht ist; und wenn er etwas möchte, teilt er dies erfolgreich mit. Kümmert es ihn, dass es Sonntagmorgen ist und ich mal eine Stunde länger liegen bleiben will, ehe ich aufstehe und ihm sein Fressen gebe? Nein! Er kommt trotzdem angelaufen. Er ist immer ganz direkt – jeden Tag, zu jeder Zeit!

Für Skottï ist Kommunikation einfach, klar und ohne Untertöne. Wir müssen nicht zwischen den Zeilen lesen können. Dies ist eine weitere Lektion über die Funktionsweise der Natur. Wir haben noch das eine oder andere über die Kommunikation zu lernen und sollten nicht davon ausgehen, dass wir als die überlegeneren Wesen alles wüssten.

Die zwischenmenschliche Kommunikation ist in der Tat hochkomplex. Manchmal *möchtest* du zum Beispiel etwas sagen, *tust* es aber nicht, weil du Gründe findest, die dagegensprechen, wie:

- »Ich bin zu schüchtern.«
- »Was wird der/die andere denken?«
- »Es ist nicht der richtige Zeitpunkt.«

Es gibt unendlich viele Ausreden!

Oder du sagst etwas, das du später bereust. Dies gibt Anlass zu Kommentaren wie:

- »Ich hätte das nicht sagen sollen.«
- »Ich hätte warten sollen!«

Ab und zu übertreiben Menschen und sagen Dinge, die nicht korrekt sind. Sie sprechen manchmal in guter, manchmal in schlechter Absicht – wir hören oft, wie jemand als Lügner, Manipulator oder Betrüger bezeichnet wird.

Der größte Unterschied zwischen Menschen und anderen Geschöpfen dürfte wohl darin liegen, dass unser Ego die Kommunikation beeinflusst und in mancher Hinsicht verkompliziert. Selbstverständlich geht es nicht darum, so zu tun, als ob wir kein Ego hätten – das ist unmöglich, denn so ist der Mensch nun mal gestrickt. Das Problem lässt sich eher dadurch lösen, dass wir uns bewusst machen, wann das Ego das Kommando übernimmt, und es uns eingestehen.

Es geht nicht darum, das Ego zu unterdrücken, sondern es zu besänftigen und zu zähmen. Wenn wir einen Hund erziehen können, gelingt uns dies vielleicht auch mit dem eigenen Ego! Konzentriere dich darauf. Es könnte interessant sein zu prüfen, wie du kommunizierst. Du könntest versuchen, Lügen zu vermeiden und einfach zu sagen, was du fühlst. Dieser kleine Schritt kann eine große Hilfe sein.

Wir wissen jetzt um die große Bedeutung der Kommunikation – und es scheint tatsächlich einfacher zu sein, eine Idee ohne Umschweife darzulegen, statt uns auszumalen, was unser Gegenüber vielleicht gerade denkt. Dabei sollten wir aber auch berücksichtigen, wie wir uns ausdrücken.

Der folgende Gedanke mag eine Selbstverständlichkeit sein; und gerade weil er so grundlegend ist, könnte er möglicherweise in Vergessenheit geraten sein. *Sage einfach laut und deutlich, was du willst!* Wenn sich unsere ganze Familie abends mit einem schönen Hühnchen in Senf-Sahne-Soße an den Tisch setzt, wird sich selbstverständlich auch Skottï bald zu uns gesellen und versuchen, etwas davon abzubekommen – selbst wenn er bereits gefressen hat.

Seinen Wunsch tut er unumwunden mit einem lauten und deutlichen Bellen kund: »Wau! Wau! Wau!« In der Sprache der Menschen bedeutet das: »Ich hätte gerne etwas von eurem Hühnchen!«

Anschließend bellt er noch ein paarmal: »Wau! Wau! Wau!« Das heißt: »Habt ihr mich gehört, oder soll ich's wiederholen?«

Als Jugendlicher unterhielt ich mich mit meinen Schulfreunden darüber, wie man mit Mädchen flirtet, weil ich ihnen ein paar Tipps entlocken wollte. Zwei Fragen quälten mich in so mancher Nacht: Wie konnte ich ein Mädchen um ein Rendezvous bitten? Es schien mir das Anspruchsvollste und Schwierigste zu sein. Die zweite Frage – deren Umsetzung besonders knifflig war – betraf die Bitte, sie küssen zu dürfen. Was freilich den erfolgreichen Abschluss von Phase eins voraussetzte!

Jeder meiner Freunde hatte seine eigene Flirttechnik. Meine Verwirrung wuchs, als einer von ihnen anmerkte, Mädchen kommunizierten anders, und man müsse zwischen den Zeilen lesen können, um sie zu verstehen. Es schien also eine höchst heikle Angelegenheit zu sein, sich mit einem Mädchen zu verabreden, und diese Information hat zweifellos dazu geführt, dass es mit meinem ersten Versuch etwas länger dauerte.

Wie viel einfacher ist es da im Vergleich, wenn ich Skottï beim Spielen bitte, den Ball zu holen. »Hol den Ball« bedeutet »Hol den Ball«. Ganz einfach. Und auch bei Skottï bedeutet »Ich hätte gerne etwas von eurem Hühnchen!« nichts anderes als das. Unsere Kommunikation ist glasklar.

Ich möchte damit betonen, dass wir einfach sagen sollten, was wir wollen – unter Beachtung einer weiteren parallelen Grundregel, die da lautet: Wer nicht fragt, der nicht gewinnt! Denn auch Skottï bekommt kein zusätzliches Stück Hühnchen, wenn er sich beim Abendessen nicht bemerkbar macht; und zweifellos sind auch mir als Teenager ein paar Verabredungen entgangen – was eher daran lag, dass ich nicht gefragt habe.

Wir wissen, welche Vorteile es hat, einfach zu fragen – statt Vermutungen anzustellen, statt zu denken und zu hoffen, der andere würde unsere Gedanken lesen und unsere Wünsche erraten. Wir sollten nicht vergessen, dass dieses Prinzip auch auf größere Zusammenhänge übertragbar ist.

Kommen wir noch einmal auf das erste Prinzip zurück: Wenn ein Hund einen Herrn hat, dann gilt das auch für uns. In diesem Zusammenhang bedeutet es, dass wir vom Universum ebenfalls erbitten sollten, *was wir uns wünschen!* Es kann sich dabei um Arbeit, eine Beziehung, ein gesundes Leben … eigentlich alles handeln. Oder wie viele Philosophen so schön schreiben: Bitte, und das Universum wird alles daransetzen, dass du es bekommst.

Dieses Prinzip ist in der Literatur weit verbreitet – angefangen bei der Bibel, in der zu lesen steht:

> *Und **alles, was ihr bittet im Gebet**,*
> *wenn ihr glaubet, werdet ihr's empfangen.*
>
> Matthäus 21, 22

Wenn du um das bittest, was du im Leben gerne hättest, kommt es allerdings auch darauf an, *wie* du fragst und wie hartnäckig du bist. Du solltest nicht denken, eine einzige Bitte sei genug – sie wird so gut wie gar nichts bewirken. Eine einzige Aufforderung genügt vielleicht, wenn du mit deiner Familie am Tisch sitzt und jemanden bittest, dir die Wasserflasche zu reichen, weil du nicht rankommst. Bei Bitten ans Universum sieht das ganz anders aus.

Betrachte ich Skottï aus der Perspektive des Herrchens, fällt mir eines auf: Wenn er etwas will, bellt er mehr als einmal. Manchmal muss er sogar sehr lange bellen, bevor er bei mir etwas erreicht. Das ist bei uns nicht anders. Die Natur arbeitet immer gleich, unabhängig davon, ob man ein Hund ist oder ein Mensch. Auf die Wiederholung kommt es an!

Für Skottï ist das Bitten eine ganz einfache Sache, und mehr als ein schlichtes Bellen (»Wau, Wau«) ist nicht nötig – er muss es nur häufig wiederholen. Wir Menschen bedienen uns bei Bitten ans Universum oder an Gott in erster Linie einer Methode, die allgemein als Gebet bezeichnet wird. Laut Wörterbuch ist dies »eine an Gott oder eine andere Gottheit gerichtete feierliche Bitte um Hilfe oder Ausdruck des Danks«.

Wenn wir ein Gebet sprechen und dieses Gebet Tag und Nacht wiederholen, verhalten wir uns wie Skottï, der um einen unerreichbaren Knochen bittet! Der Ablauf ist immer gleich. Mitunter muss Skottï sein Gebet – »Wau, Wau« – unzählige Male wiederholen, bevor das Herrchen ihn erhört.

Die Sache hat aber einen Haken: Ab und zu kann Skottï bellen, so viel er will, ich werde ihm seinen Wunsch trotzdem nicht erfüllen. Wenn ich zum Beispiel weiß, dass er schon mehr als genug gefressen hat, wird er vergeblich um einen weiteren Happen Hühnchen betteln.

Kaum öffne ich den Kühlschrank, kommt Skottï stets in der Hoffnung angelaufen, dass er etwas zu fressen bekommt. Nehme ich mir ein Stück Schokolade, wartet er, ob etwas für ihn abfällt. Aber da ich weiß, dass Schokolade nicht gut für Hunde ist, passiert das nicht.

Als Skottïs Herrchen will ich nur sein Bestes. So ist es auch bei uns und der höheren Macht. Das Gesetz der Natur ist für alle gleich – für Hunde wie für Menschen! Doch wie wirkt es auf menschlicher Ebene? Wir wissen, dass wir in einem Universum der Fülle leben. Man könnte sogar sagen, dass das Universum einem riesigen Kühlschrank ähnelt, der mit der größten Auswahl an Köstlichkeiten gefüllt ist, die wir uns vorstellen können. (Dieser Kühlschrank ist natürlich viel größer als meiner. Ich bin ja nur das menschliche Herrchen eines kleinen Hundes!)

Aber auch wir bekommen nicht immer, was wir wollen – selbst, wenn wir darum bitten. Es ist wie bei Skottï: Nicht alles im Kühlschrank des Universums ist für uns bestimmt. Wir leben in einer Welt der Fülle, aber bekommen wir die Schokolade, wenn sie nicht gut für uns ist? Nein!

Um genau zu sein, liegt die Entscheidung, ob wir das Gewünschte bekommen, nicht bei uns. Sie liegt bei der höheren Macht, denn diese sorgt so gut wie möglich für uns und arbeitet auf einer umfassenderen Ebene. Sie berücksichtigt viele weitere Parameter, deren wir uns im Augenblick gar nicht bewusst sind.

Vergessen wir nicht, dass sich das Universum, Gott oder die Lebensenergie nicht nur um einen, sondern um *alle* Menschen gleichzeitig kümmern muss. Das Universum sieht keinen Grund, das Gebet oder den Wunsch eines Menschen über den eines anderen zu stellen. Letzten Endes ist alles miteinander verbunden. Die höhere Macht sorgt dafür, dass alles an seinem Platz bleibt, und bemüht sich außerdem nach Kräften, alle glücklich zu machen. Ihr Hauptinteresse liegt darin, die beste Lösung für alle zu finden, nicht nur für einen.

Du bekommst vielleicht nicht immer, was du willst. Aber du bekommst, was du brauchst. Das ist das Prinzip. Das Universum entscheidet für dich. Es weiß besser als jeder andere, was du benötigst.

Wenn wir frustriert sind oder zweifeln, müssen wir uns auf das erste Prinzip besinnen, der Lebensenergie einfach zu vertrauen und an sie zu glauben. Alles geschieht zu unserem Besten (und zum Besten aller anderen) – und in unserem Leben kommt immer das, was wir gerade brauchen (auch wenn es anders aussieht).

Mag sein, dass du nicht glücklich darüber bist – das ist gelegentlich ganz normal. Dann solltest du dich noch einmal dem dritten Prinzip widmen (wie ich es regelmäßig tue), in dem es um Dankbarkeit geht. Wenn dir das, was du gerne hättest, noch fehlt, solltest du zunächst dankbar sein für das, was du schon hast!

KAPITEL 5

Liebe
bedingungslos

Gäbe es eine Sache, auf die sich alle Hundebesitzer einigen könnten, wäre dies wohl die Vorstellung, ihr Hund liebe sie bedingungslos. Es ist sogar einer der Hauptgründe dafür, dass Hunde so beliebt sind und man sie seit Jahrhunderten als die »besten Freunde des Menschen« bezeichnet. Wir haben alle eine ziemlich gute Vorstellung davon, was Liebe ist und wie man sie zum Ausdruck bringt – doch *bedingungslose* Liebe ist noch einmal etwas anderes.

Wenn ich mir ansehe, wie Skottï mich liebt, kann ich mit Fug und Recht behaupten, dass ich seine Liebe als bedingungslos erachte. (Bedingungslos bedeutet: »Ganz gleich, was geschieht.«) Er wedelt bei meinem Anblick jedes Mal mit dem Schwanz; meine Laune spielt dabei keine Rolle. Auch wenn er versehentlich etwas kaputtmacht und dafür geschimpft wird, kommt er wieder zu mir – bereit, mir einen dicken feuchten Kuss zu geben. Er kann auf der Stelle vergeben und vergessen; unabhängig davon, wie wir beide uns benehmen.

Aber sosehr wir die bedingungslose Liebe auch zu schätzen wissen, die ein Hund uns entgegenbringt, ist und bleibt es doch eine große Herausforderung, andere Menschen bedingungslos zu lieben. Denn da kommt unser Ego ins Spiel. Du kannst gewiss sagen, dass du deine beste Freundin oder deinen besten Freund liebst. Aber heißt das, dass deine Liebe bedingungslos ist? Seien wir ehrlich. Wenn wir jemanden lieben, erwarten wir dafür fast immer eine Erwiderung: »Ich liebe dich – aber nur, wenn du mich auch liebst.«

Die bedingungslose Liebe eines Hundes dient als Maßstab, und meiner Ansicht nach legt eine Rasse die Messlatte besonders hoch. Im ländlichen Spanien nutzt man den spanischen Windhund oder *galgo* zur Hasenjagd, denn diese Hunde sind besonders schnell und erreichen Geschwindigkeiten von bis zu sechzig Stundenkilometern. In Spanien jagen ungefähr hundertneunzigtausend Jäger mit Galgos, meist in den Wintermonaten. Weniger bekannt ist, wie schlecht diese Hunde von ihren Besitzern behandelt werden.

Das beginnt schon bei der Erziehung, um die Hunde zu hervorragenden Jägern zu machen. Um ihre Ausdauer zu schulen, werden sie zuweilen an Pick-ups gebunden und müssen über zwanzig Kilometer laufen. Wenn die Galgos alt werden oder ihre Leistung – üblicherweise nach drei bis vier Jahren im Jagdeinsatz – nachlässt, werden sie auf unmenschliche Weise getötet oder von ihren Besitzern ausgesetzt, die sie weit entfernt in einem Wald an einen Baum binden. In Spanien ist es ganz und gar nicht gut, als Hase oder als Windhund geboren zu werden.

Es heißt, wenn ein Jäger einen Galgo im Wald an einen Baum bindet, bricht er ihm auch beide Vorderläufe, denn mit nur einem gebrochenen Bein könnte der Hund zu seinem Besitzer zurückfinden – sollte es ihm zufällig gelingen, sich vom Baum loszumachen. Dass der Hund trotz allem versuchen würde, nach Hause zu laufen, ist das beste Beispiel für bedingungslose Liebe. Schätzungen zufolge werden in Spanien jedes Jahr fünfzigtausend Galgos getötet oder ausgesetzt. Tiere, die mehr Glück haben, werden von Menschen in Nachbarländern adoptiert.

Bei der Lektüre des hervorragenden Buches *Manifest Your Destiny* (»Manifestiere dein Schicksal«) von Dr. Wayne W. Dyer stieß ich auf eine Stelle aus dem Neuen Testament, die der Autor als Definition der Liebe anführte. Sie hat mir sehr gefallen und lautet wie folgt:

Die Liebe ist langmütig und freundlich, die Liebe eifert nicht,
die Liebe treibt nicht Mutwillen, sie blähet sich nicht,
sie stellet sich nicht ungebärdig, sie suchet nicht das Ihre,
sie lässt sich nicht erbitten, sie rechnet das Böse nicht zu,
sie freuet sich nicht der Ungerechtigkeit, sie freuet sich
aber der Wahrheit; sie verträgt alles, sie glaubet alles,
sie hoffet alles, sie duldet alles.

1. Korinther 13, 4-7

Als ich diese Worte las, musste ich an Skottï denken. Ich konnte das Wörtchen »Liebe« problemlos durch »Skottï« ersetzen, ohne die Bedeutung des Textes zu verändern. Das führte mich zu der klaren Schlussfolgerung: Liebe ist gleich Skottï, Skottï ist gleich Liebe! Als ich es mit meinem eigenen Namen probierte, hörte sich das allerdings ein wenig anders an und zeigte mir, dass ich noch daran arbeiten muss. Ich empfehle dir, diese Übung ebenfalls zu machen und zu prüfen, wie es für dich klingt.

Die bedingungslose Liebe oder Liebe ohne Bedingungen, die Skottï so leichtfällt, ist für uns alles andere als leicht zu verwirklichen. Trotzdem sollten wir uns darin üben. Dazu musst du in erster Linie die Herrschaft des Egos über jene Dinge, die du sagst und tust, brechen. Wie es scheint, ist dies der entscheidende Faktor, der dich daran hindert, den Zustand der Bedingungslosigkeit zu erlangen.

Die Mühe lohnt sich. Denn du gewinnst die Freiheit von Hass und Gewalt, die durch Freude und Frieden ersetzt werden. Auch vom Ego und der Selbstgefälligkeit wirst du befreit.

An dieser Stelle wäre es wohl am besten, wenn du dir die ersten vier Prinzipien noch einmal ins Gedächtnis rufst und versuchst, sie zu verdauen. Es böte sich auch an, das Buch wegzulegen und einen Spaziergang zu machen – womit wir beim nächsten Prinzip wären.

KAPITEL 6

Spiele mit der Natur

Skottï liebt seinen Morgenspaziergang. Jeden Tag geht meine Frau für eine gute Stunde mit ihm ans Meer. Dort kann er nach Herzenslust herumlaufen und mit anderen Hunden spielen, die ebenfalls Gurus sind. Er steht liebend gerne auf den Dünen, beobachtet die vorbeifliegenden Vögel, spürt die Meeresbrise und fängt die ersten Sonnenstrahlen ein. Er ist ein guter Läufer, und immer wieder versucht er sein Glück bei den schwarzen Krähen, die diesen Augenblick der Freiheit genießen.

Findet dieser tägliche Spaziergang aus irgendeinem Grund nicht statt, verschlechtert sich Skottïs Laune, wie man sich denken kann. Er wirkt ein wenig traurig, und seine Augen funkeln nicht mehr. Es ist offensichtlich, dass ihm etwas fehlt.

Ich verstehe dies als klare Aufforderung an uns, regelmäßig Kontakt zur Natur zu halten. Was bei Skottï funktioniert, sollte auch bei uns funktionieren! Wenn ein Hund die Begegnung mit natürlichen Elementen wie Wind, Luft und Sonne vermisst, deutet nichts darauf hin, dass dies bei uns anders sein sollte.

Der Aufenthalt im Freien macht geistig und spirituell aufgeschlossen für neue Ideen. Er bietet eine dringend erforderliche Pause von der Arbeitswelt, in der wir uns beinahe rund um die Uhr aufhalten. Wie wir bereits wissen, ist alles miteinander verbunden, und wir müssen verstehen, welche Schwingung wir aussenden. Diese Schwingung ist nicht immer gleich und muss immer wieder erneuert werden – wie bei einer aufladbaren Batterie.

Aus diesem Grund ist es so wichtig, nach draußen zu gehen: Es hilft uns, in Einklang mit der natürlichen Schwingung der Natur und des Universums zu kommen; es ermöglicht uns, Energie aufzunehmen und umzuwandeln.

Sobald du eine Beziehung zur Natur aufbaust, liefert sie dir den nötigen geistigen Sauerstoff. Wenn du mit der Natur verbunden bist und dir ab und zu Zeit nimmst, sie wiederzuentdecken, kannst du inneren Frieden finden.

Sobald wir erkennen, wie kraftvoll die Natur ist, dass alles miteinander verbunden ist und welch große Schönheit einer Blume, einem Baum oder den Vögeln innewohnt, dann begreifen wir allmählich, dass es eine Macht geben *muss,* die alles zum Besseren lenkt.

Wenn wir dies verstehen und zu unserer Lebensphilosophie machen, können wir uns dem Leben anvertrauen *in dem Wissen,* dass alles vollkommen ist, so, wie es ist. Alles geschieht stets zu unserem Besten.

Je größer dein Vertrauen in die Weisheit ist, die alles erschafft, desto mehr wächst auch dein Vertrauen in dich selbst. Du bekommst Zugang zu einem gewaltigen Gefühl des Friedens. Es bannt innere Zweifel und hilft dir, in Harmonie zu leben. Alles *ist* perfekt – auch, wenn im Augenblick nichts perfekt ist!

Wenn du inneren Frieden gefunden hast, ist das ein großer Erfolg, der deinen Alltag erheblich verbessern kann. Wer in überbevölkerten, verkehrsreichen Städten lebt, kann vielleicht nicht jeden Tag Zeit für die Natur erübrigen. Aber für einen einfachen Spaziergang bedarf es keines fünf Kilometer langen Küstenabschnitts und keines riesengroßen Waldes. Du kannst dich auch im eigenen Garten oder beim Besuch eines örtlichen Parks mit der Natur verbinden, kannst dich dort einfach hinsetzen und deine Umgebung betrachten. Du hast keinen Garten? Aber vielleicht einen Balkon? Was hältst du davon, dort Kirschtomaten anzubauen oder deine Lieblingsblumen zu pflanzen? Jede Art von Gartenarbeit beruhigt die Seele – und produktiv ist sie auch!

Während du dich wieder mit der Natur in Einklang bringst oder erstmals Kontakt zu den Elementen aufnimmst, solltest du unbedingt tief durchatmen und im Jetzt bleiben – wie dich das zweite Prinzip gelehrt hat.

KAPITEL 7

Pflege einen besseren Umgang mit anderen

Skottï ist ein sehr geselliger Hund: Er hat es gern, wenn wir Besuch bekommen, und begrüßt Gäste mit freudigen Luftsprüngen. Diejenigen, die daran gewöhnt sind, finden es entzückend; diejenigen, die keine Erfahrung mit Hunden haben, wirken ein wenig überfordert.

Skottï liebt die Begegnung sowohl mit Menschen als auch mit anderen Hunden. Wenn er seinen Spaziergang macht, hält er ständig Ausschau nach Artgenossen und begrüßt sie, indem er sich ihnen nähert. Hunde beschnuppern einander üblicherweise am Hinterteil, um »Hallo« zu sagen.

Das Interessante an alldem ist, dass Skottï und die anderen Hunde fröhlich miteinander spielen, ohne jede Art von Diskriminierung. Für sie spielt es keine Rolle, ob ein Hund kleiner oder größer ist, Rüde oder Hündin, Langhaar oder Kurzhaar, ob er (nach menschlichen Maßstäben) schmutzig oder sauber ist, schwarzes oder weißes Fell hat … die Aufzählung ließe sich beliebig fortsetzen!

Wie man sieht, begegnen Hunde einander mit reiner Liebe und Mitgefühl. Sie kennen keine Eifersucht. Ein kleiner Hund würde sich bei der Begrüßung eines größeren niemals unsicher oder unterlegen fühlen. Hunde sind auch nicht nachtragend: Sie sind nicht gemein zueinander, wenn etwas nicht so läuft, wie sie sich das vorstellen.

Ist das nicht großartig? Kannst du dir vorstellen, wie es wäre, wenn wir Menschen es ihnen gleichtäten? Wenn wir anderen begegneten und mit ihnen sprächen, ohne sie in Schubladen zu stecken oder zu beurteilen, wie wir es ständig tun? Es ist schön zu sehen, dass das Ego hier nichts zu sagen hat – und das ist der Hauptgrund dafür, dass es funktioniert. Der Mensch ist zu stark vom Ego getrieben, um sich ebenso zu verhalten.

Hinter diesem Prinzip steht natürlich nicht der Gedanke, *jeden* Menschen in ein Gespräch zu verwickeln, dem du irgendwo begegnest. In einer Megastadt wie Mumbai, Paris oder New York wäre dies eine recht schwierige Übung! Müsste man unterwegs jedem Menschen auch nur zwei Minuten widmen, käme wohl niemand mehr an sein Ziel.

Dessen ungeachtet lautet die Botschaft, dass du anderen gegenüber offener sein solltest als gewohnt und dass du dich bemühen solltest, diesen Prozess so weit wie möglich fortzusetzen. So machen es jedenfalls die Hundebesitzer, die sich beim täglichen Spaziergang treffen. Ihre Hunde drängen so heftig zu ihren Artgenossen, dass auch den Besitzern irgendwann gar nichts anderes übrig bleibt, als sich miteinander zu unterhalten. Wären sie allein gewesen, hätten die wenigsten von ihnen mit jemandem geredet. Doch die Hunde haben das Eis gebrochen und es ihnen ermöglicht, ein Gespräch anzufangen.

Es geht auch darum, »die anderen« zu akzeptieren und weder Vorurteile zu haben noch nachtragend zu sein. Der Mensch ist wohl die einzige Art, die Groll zu hegen vermag. Ein Hund ist nicht sauer, weil er nach dem Abendessen kein Leckerli von dir bekommen hat. Groll belastet emotional und hindert dich daran, dein Leben zu leben. Lass ihn los – genau wie alle Urteile über »die anderen«.

Wir sollten niemals vergessen, dass wir alle gleich sind – dass wir die gleiche Luft atmen, auf der gleichen Erde leben. Es ist nicht von Bedeutung, welche Farbe unsere Haut hat, welche Sprache wir sprechen oder welcher Gemeinschaft wir angehören. Letzten Endes empfinden alle Menschen gleich, auch wenn sie unterschiedlich aussehen.

Alle Menschen haben Gefühle und wissen, wie sich Liebe und Glück, aber auch Angst oder Schuld anfühlen. Ganz gleich, was du empfindest – du kannst sicher sein, dass du damit nicht alleine bist und irgendjemand schon einmal das Gleiche empfunden hat.

Von Skottï und seinem Umgang mit seinen Freunden habe ich noch eine weitere Lektion gelernt: Wir sollten uns so annehmen, wie wir sind. Skottï hat kein Problem damit, sich selbst zu akzeptieren. Ich kann mir nicht vorstellen, dass er sich wünscht, ein Deutscher Schäferhund zu sein, um schneller laufen und höher springen zu können.

Wir Menschen verbringen oft viel Zeit damit, uns mit anderen zu vergleichen und zu versuchen, wie jemand anders auszusehen, statt unsere einzigartigen Eigenschaften, unser einzigartiges Leben und sogar unsere einzigartigen Probleme zu lieben. Dabei besagt es doch auch die folgende beliebte Redensart so richtig: »Sei du selbst, alle anderen gibt es schon!«

KAPITEL 8

Habe Geduld

Es erstaunt mich immer wieder, wie geduldig Skottï auf die Rückkehr seines Herrchens wartet. Am besten aber ist, dass seine Freude größer wird, je länger es dauert! Wenn dies ein Grundsatz der Natur ist, bedeutet er wohl: Je länger die Wartezeit, desto größer die Belohnung.

Früher hatte ich mit der Geduld meine liebe Not. War ich auf Arbeitssuche, erwartete ich nach dem Vorstellungsgespräch umgehend einen Rückruf, aber bei manchen Firmen kann sich das Einstellungsverfahren lange hinziehen. Steckte ich im Stau und die Ampel vor mir wurde rot, regte ich mich furchtbar auf und machte den Fahrer des Wagens vor mir dafür verantwortlich, dass er die Kreuzung nicht schneller überquert hatte.

Das änderte sich, als ich mehr Zeit mit Skottï verbrachte und erkannte: Wer ungeduldig ist, kämpft auf verlorenem Posten, und das bringt niemanden weiter. Ich hatte meinen Guru unmittelbar vor Augen, und er zeigte mir, wie ich mit solchen Situationen umgehen konnte.

Ich verstand endlich, dass wir den Faktor Zeit nicht immer kontrollieren können. In der Natur dauert alles so lange wie *nötig*. Nehmen wir eine Blume: Vom Samen bis zur Knospe kurz vor dem Erblühen muss ein vollständiger Zyklus ablaufen, Schritt für Schritt, ohne Ausnahme.

Bringt es etwas, die Blume häufiger zu gießen – in der Hoffnung, den Vorgang zu beschleunigen? Oder am Stängel zu ziehen?

Bringt es etwas, die Erde aufzugraben, um nachzusehen, ob der Prozess bereits begonnen hat oder der Same gerade aufgegangen ist? Nein. All diese Dinge dürften mit an Sicherheit grenzender Wahrscheinlichkeit sogar kontraproduktiv sein. Die Natur geht ihren eigenen Weg in ihrem eigenen Rhythmus, und das müssen wir respektieren.

Skottï weiß das alles. Sein Herrchen wird zu gegebener Zeit nach Hause kommen; er muss nicht bellen, damit es schneller geht. Wenn wir auf etwas hoffen, gilt diese Logik ebenfalls. Das Universum wird alles daransetzen, unserem Wunsch zu entsprechen, und braucht dafür seine Zeit. Außerdem muss es diese Aufgabe unter Berücksichtigung unendlich vieler Parameter lösen, von denen wir keine Ahnung haben.

Es kann dauern, bis wir bekommen, was wir uns wünschen. Man könnte auch sagen, wir bekommen es zur rechten Zeit. Dies ist zweifellos eines der kleineren Prinzipien für ein besseres Leben, aber es hat eine große Wirkung, denn es kann uns von unnötigem Stress befreien.

Die folgende Bibelstelle unterstreicht die große Bedeutung von Geduld:

> *So seid nun geduldig, liebe Brüder, bis auf den Tag,*
> *da der Herr kommt. Siehe, ein Ackermann wartet auf*
> *die köstliche Frucht der Erde und ist geduldig darüber,*
> *bis sie empfange den Frühregen und den Spätregen.*
>
> *Jakobus 5,7*

Im Grunde solltest du einfach daran denken, dass Geduld eine Tugend ist, die man mit Geduld erwirbt.

KAPITEL 9

Nutze deine Intuition

Im Mai 2015 beschloss meine Familie, mich in Delhi zu besuchen, wo ich damals arbeitete. Die Stadt sollte als Ausgangspunkt für unseren Sommerurlaub dienen.

Wenn ich in Delhi bin, gehe ich gerne in den Wald beim Qutb Minar, dem berühmten Minarett, das im Süden der Stadt stolz in den Himmel ragt. In der stark verschmutzten indischen Hauptstadt wirkt der Wald wie eine Oase in der Wüste: Er ist voll mit Wild und Pfauen, und oft begegnen mir auch ein paar Füchse – vor allem, wenn ich dort in den frühen Morgenstunden des Winters mit dem Rad unterwegs bin.

Am 12. Mai unternahm ich einen langen Waldspaziergang mit Skottï. Er liebt es, dem Großstadtleben für eine Weile zu entfliehen und in freier Wildbahn umherzustreifen. An jenem Morgen aber benahm er sich merkwürdig. Er war aufgewühlt und begann im Kreis herumzulaufen und zu bellen. Ich versuchte, das übliche Wild und die Pfauen auszumachen, aber nirgends war ein Tier zu sehen.

Als wir wieder zu Hause waren, erfuhr ich von meiner Familie und den Nachbarn, dass es ein Erdbeben gegeben hatte. Das Epizentrum war in Nordindien gewesen, aber die Stärke des Bebens von 7,3 auf der Richterskala hatte für ein heftiges Rütteln an unserem Haus ausgereicht.

Draußen im Wald hatte ich nichts von dem Erdbeben mitbekommen – anders als Skottï. Hunde und andere Tiere können derartige Ereignisse wahrnehmen. Sie haben einen sechsten Sinn oder Instinkt und sind in der Lage, darauf zu hören.

Und wenn dieser Instinkt im Tierreich existiert, warum sollte der Mensch davon ausgenommen sein? Wir sind Geschöpfe des Universums, deshalb haben auch wir einen Instinkt. Leider wissen wir kaum etwas darüber und haben vergessen, dass es ihn gibt.

Unser Instinkt setzt unmittelbar nach der Geburt ein. Er ist der einzige Grund, weshalb ein Neugeborenes den ersten Atemzug macht. Das ist Teil des Wunders des Lebens. Darüber hinaus unterziehen Krankenschwestern und/oder Kinderärzte alle Neugeborenen nur wenige Minuten nach der Geburt einer Reihe medizinischer Tests, um ihren allgemeinen Gesundheitszustand zu prüfen. Viele dieser Untersuchungen sollen die in allen Menschen verankerten Reflexe und instinktiven Verhaltensweisen überprüfen. Dazu gehört beispielsweise der Schreitreflex. Ein gesunder Säugling macht Gehbewegungen, wenn man ihn mit einer Hand vor seiner Brust in einer aufrechten Position hält.

Eine weitere Untersuchung gilt dem Schutzreflex. Dabei legt man ein weiches Tuch über Augen und Nase des Säuglings. Das Baby beugt instinktiv den Kopf nach hinten, dreht ihn von einer Seite zur anderen und hebt beide Hände zum Gesicht, um das Tuch wegzuschieben.

Dann ist da noch der Suchreflex, bei dem das Neugeborene bei Berührung seiner Wange den Kopf dreht, um nach der Brust der Mutter zu suchen. Es beginnt ganz automatisch zu saugen.

Die Ergebnisse dieser Untersuchungen legen nahe: Da wir bei der Geburt über diese lebenserhaltenden natürlichen Instinkte und Energien verfügen, gibt es keinen Grund zu glauben, dass sie bei Erwachsenen nicht mehr vorhanden sind. Zwischen der Geburt und dem Erwachsenwerden passieren viele Dinge, die uns von Grund auf verändern. Am wichtigsten sind die Entwicklung des Bewusstseins und des logischen Denkens – über die wir zu Beginn unseres Lebens noch nicht verfügen.

Unser Verstand, der von der Logik und rationalen Gedanken beherrscht wird, übernimmt die Kontrolle über unser gesamtes Denken und drängt Instinkt und Intuition in den Hintergrund.

Das ist der große Unterschied zwischen Hunden und uns. Wir sagen häufig, ein Hund im Haus sei wie ein drei- oder vierjähriges Kleinkind. Das ist das Alter, in dem die Entwicklung der intellektuellen Fähigkeiten eines Kindes richtig Fahrt aufnimmt, sein Intellekt wächst und an Bedeutung gewinnt.

Das heißt nicht, dass unser angeborener Instinkt, der Teil unseres Unterbewusstseins ist, nicht mehr aktiv ist. Es ist nur so, dass unser Verstand ihn übertönt. Wir verlieren den Kontakt zu unserem Instinkt und unsere Fähigkeit zu vertrauen. Trotzdem sollten wir wissen, dass wir diesen Instinkt, diese Intuition oder diesen sechsten Sinn stets in uns tragen – wir müssen nur lernen, darauf zu hören.

Manchmal erleben wir ihn in Aktion, ohne uns dessen bewusst zu sein. Dies kann zum Beispiel bei der ersten Begegnung mit einem Menschen geschehen, wenn wir jemandem die Hand schütteln und spüren, dass er nicht gut für uns ist. Auch die Liebe auf den ersten Blick ist ein Beispiel für ein lautes Signal unserer Intuition. Sie zeigt uns, dass wir eine starke Verbindung zu dem Menschen haben, der in diesem Moment in unser Leben getreten ist.

Vielleicht hast du manchmal, wenn du in einen Raum kommst, das Gefühl, dass es dort zuvor Streit oder eine Auseinandersetzung zwischen den Anwesenden gegeben hat. Das kommt daher, dass du die negativen Schwingungen in der Luft spüren kannst.

Deine Intuition erfüllt mehrere Aufgaben und dient hauptsächlich dazu,

- 🐾 dich vor Gefahren zu warnen,
- 🐾 eine Verbindung zu anderen herzustellen und dich auf ihre Gedanken und Gefühle aufmerksam zu machen,
- 🐾 den Geist mit Einsicht und Inspiration zu erhellen,
- 🐾 in Krisensituationen das Denken zu kontrollieren (wenn der Selbsterhaltungstrieb das Kommando übernimmt).

Das Interessante am sechsten Sinn ist, dass er sich meist über die Sinne oder Empfindungen des Körpers bemerkbar macht. Das erkennst du daran, dass du dir anhand deiner eigenen Erfahrungen bewusst machst, wie du in bestimmten Situationen reagierst. Du musst also nur auf den eigenen Körper hören, um zu erahnen, was gerade vor sich geht. Dazu musst du versuchen, den Geist zur Ruhe zu bringen, denn seine intellektuellen und logischen Anteile werden diese Signale lieber ignorieren.

Wir müssen uns auf das Tier in uns besinnen – die Gedanken abschalten und auf den Körper achten: wie er sich anfühlt, wie er reagiert. Möglicherweise bekommst du Gänsehaut oder fängst an zu schwitzen oder dein Herz schlägt schneller. Vielleicht wird dir schwindelig oder du bekommst Bauchschmerzen. Andererseits könntest du auch ein Gefühl der Fülle im Herzen und eine Empfindung haben, die man »Seelenfrieden« nennen könnte.

Ich mag den Rat, den Eckhart Tolle in seinem Buch *Jetzt! Die Kraft der Gegenwart* gibt. Er schreibt, dass man bei einem scheinbaren Konflikt zwischen dem Verstand und dem körperlichen Empfinden auf den Körper hören solle. Denn die Gedanken zu einer bestimmten Angelegenheit seien eine Lüge, das Gefühl oder die Empfindung dagegen die Wahrheit.

Dies zeigt erneut, dass die Intuition viel stärker ist als der Verstand, der von verschiedenen Parametern beeinflusst wird, die sehr stark ins Gewicht fallen können.

Hier noch ein paar Zitate zum Thema Intuition:

*Ihr habt ein **inneres** Leitsystem,*
das euch den Weg nach Hause zeigt.
[Es ist die Stimme, die zu euch von eurer Wahl
im höchsten Sinn spricht und euch eure
großartigste Vision vor Augen führt.]
Ihr braucht dieser Stimme nur zu folgen
[und eure Vision nicht aufzugeben].

Neale Donald Walsch

Die Logik braucht man zur Beweisführung,
die Intuition zur Erfindung.

Henri Poincaré

*Der intuitive Geist ist ein heiliges Geschenk
und der rationale Geist ein treuer Diener.
Wir haben eine Gesellschaft erschaffen,
die den Diener ehrt und das Geschenk vergisst.*

Albert Einstein

KAPITEL 10

Hüte dich vor klassischer Konditionierung

Viele Leserinnen und Leser haben bestimmt bereits vom russischen Wissenschaftler und Physiologen Iwan Petrowitsch Pawlow gehört. Er demonstrierte Anfang des 20. Jahrhunderts in seinen Experimenten, dass Hunde auf bestimmte Reize reagieren, die dann ihr Verhalten auslösen. Seine Entdeckung wurde später klassische Konditionierung genannt.

Bei seiner Arbeit ging Pawlow von der Vorstellung aus, dass es Dinge gibt, die Hunde nicht lernen müssen. Sie müssen zum Beispiel nicht lernen, beim Anblick von Nahrung zu speicheln. Es ist ein angeborener Reflex und geschieht ganz automatisch. Dies wird als unbedingte Reaktion bezeichnet.

Pawlow verdeutlichte die Existenz der unbedingten Reaktion, indem er einem Hund etwas Futter hinstellte und seinen Speichelfluss maß. Eher zufällig entdeckte er, dass er auch dann zu speicheln begann, wenn der Laborant den Raum ohne Futter betrat. Im Grunde lösten alle Gegenstände oder Ereignisse, die das Tier mit Futter in Verbindung zu bringen gelernt hatte, die gleiche Reaktion aus.

Dieses Verhalten war erlernt, da Pawlows Hunde es zu Beginn des Experiments nicht zeigten und erst im Lauf der Zeit damit begannen. Ihr Verhalten änderte sich, und eine derartige Verhaltensänderung ist immer das Ergebnis eines Lernvorgangs.

Pawlow machte weitere Experimente, bei denen eine Glocke als Reiz diente. Bei jeder Fütterung seiner Hunde läutete er eine Glocke. Nachdem er das einige Male wiederholt hatte, begannen die Tiere auch dann beim Klang der Glocke zu speicheln, wenn es nichts zu fressen gab. Wir können also sagen, dass sie den Klang der Glocke mit dem Futter verknüpften und sich diese Verknüpfung einprägten. Damit hatten sie ein neues Verhalten erlernt. Der Reiz löste eine bedingte Reaktion aus.

Wenn du einen Hund besitzt und schon einmal versucht hast, ihm ein paar Tricks beizubringen, wirst auch du dich dieser Methode bedient haben. Vielleicht wolltest du ihm das Sitzen beibringen und hast ihm deshalb im Rahmen seiner Erziehung seinen Lieblingssnack angeboten. Es dürfte nicht lange gedauert haben, bis er sich beim entsprechenden Befehl immer brav hinsetzte, da er auf den Snack hoffte, den er zu Beginn des Trainings bekommen hatte.

Sein Gehirn erstellt eine Verknüpfung zwischen dem Akt des Hinsetzens und dem Erhalt eines Leckerlis. Auch nach längerer Zeit werden die Neuronen in seinem Gehirn bei dem Befehl, dass er sich setzen soll, weiterhin ein Signal übermitteln, welches ihn daran erinnert, dass er etwas Feines bekommt, wenn er tut, was man ihm sagt.

Der Hund führt den Befehl nicht im Tausch gegen ein Leckerli aus, weil er sich bewusst daran erinnert. Er tut es, weil sein Gehirn in der Trainingsphase neu verdrahtet wurde. Das Verhalten ist nun als Routine in ihm verankert.

Du fragst dich vielleicht, was das alles mit *uns* zu tun hat. Nun, wenn wir uns darüber einig sind, dass in jedem Menschen ein Tier steckt – oder jeder Mensch eine animalische Seite hat –, spricht nichts dagegen, sich diesen Teil einmal anzusehen. Der Mensch ist ein Tier mit einem gewissen Extra – dem Bewusstsein. Wenn wir das Bewusstsein also einen Augenblick außer Acht lassen, gibt es kaum einen Unterschied zwischen uns und unseren Hunden.

Ich halte es deshalb für durchaus berechtigt zu sagen, dass sich unsere »animalische Seite« genau wie ein Hund durch klassische Konditionierung oder Routineabläufe beeinflussen lässt. Die Konditionierung des Menschen funktioniert genau wie die Konditionierung des Hundes in erster Linie durch extrem häufige Wiederholungen.

Der Autor Don Miguel Ruiz schrieb in seinen Büchern so schön: »Menschen sind domestizierte Tiere. Der Erziehungsprozess beginnt mit der Geburt, da wir gewisse Glaubenssätze von den Menschen übernehmen, mit denen wir am häufigsten zu tun haben.«

Das beginnt bei der engeren und weiteren Verwandtschaft, gefolgt vom Schulsystem und den Gruppen, die wir bilden. Hinzu kommt der Einfluss der Gemeinschaft, Religion oder ethnischen Gruppe, der wir angehören. Alle diese Faktoren spielen eine große Rolle bei der Formatierung unseres Geistes und letztlich auch dabei, wie gut es uns gelingt, auf die Ereignisse des Lebens zu reagieren.

Das ist ein natürlicher Vorgang, und als Kinder werden wir davon geprägt, ohne uns seiner Macht bewusst zu sein. Unter dem Strich teilen die meisten Menschen die Überzeugungen ihrer Eltern. Wir betrachten die Welt durch eine Brille, die nie neutral war, und erkennen nicht, dass wir die Welt auch mit unseren eigenen Augen sehen könnten.

Unsere Art zu denken, zu handeln, unsere Moralvorstellungen und Regeln werden zur Routine. Das bestimmt unser Verhalten in vielen Situationen, wie die folgende Geschichte zeigt.

In Indien, wo wir seit vielen Jahren leben, ist es üblich, sich Waren nach Hause liefern zu lassen. Deshalb herrscht bei uns im Laufe des Tages ein Kommen und Gehen von Menschen, die uns Milch, die Zeitung, Lebensmittel und so weiter bringen. Skottï findet das sehr aufregend und freut sich immer, Neuankömmlinge zu Hause begrüßen zu können. Mir fiel jedoch auf, dass die Botenjungen unterschiedlich auf ihn reagierten. Forschen wir etwas genauer nach ...

Sooft einer dieser Jungen eintraf, bellte Skottï los und lief aufgeregt auf ihn zu, um den üblichen Willkommenstanz im Rhythmus seines wedelnden Schwanzes aufzuführen. Er wollte auch an dem Jungen schnuppern, denn er erkennt Menschen am Geruch.

Dass Menschen in der gleichen Situation unterschiedlich reagieren, liegt an den Glaubenssätzen, die in der Kindheit in ihrem Geist verankert wurden. Schließlich wurde mir klar, dass die Botenjungen, die über die Begegnung mit Skottï *nicht* erfreut waren, im Allgemeinen Muslime waren.

Bevor man mich jetzt der Diskriminierung bezichtigt, möchte ich erklären, dass dies unmittelbar mit ihrer religiösen Überzeugung zusammenhängt. Ich fand heraus, dass der Hauptgrund, weshalb einige Muslime keine Hunde mögen, eine spezielle theologische Lehre ist, wonach die Engel (nach den Worten Mohammeds) Hunde fürchten.

Ich lernte ferner, dass schwarze Hunde im Islam sogar als dämonisch gelten. Zum Glück ist Skottï hellbraun, und daher hoffe ich, dass es für die betreffenden Botenjungen nicht allzu dramatisch war, zu uns zu kommen! Sie bekamen immer ein ordentliches Trinkgeld, was die ungebetene Begegnung mit unserem Hund hoffentlich wettmachte.

Dies ist ein Musterbeispiel für geistige Konditionierung und ihre unmittelbaren Auswirkungen auf die Art, wie wir unser Leben führen. Wir dürfen nicht vergessen, dass wir Menschen unser Bewusstsein in bestimmten Situationen einfach vorübergehend ignorieren können.

Ja, das Bewusstsein ist ein wichtiges Werkzeug und ermöglicht es uns, einen Schritt zurückzutreten und unser Verhalten sowie die Ereignisse in unserem Leben zu analysieren. Man sollte jedoch erwähnen, dass dies erheblicher Anstrengung bedarf. Weshalb ich geschrieben habe, das Bewusstsein »ermöglicht« uns ein solches Vorgehen. Es geschieht nicht automatisch. Wir sind im Besitz eines mächtigen Werkzeugs, aber es bleibt uns überlassen, ob wir es einsetzen oder nicht.

Viele von uns leben ihr Leben, ohne sich selbst je infrage zu stellen. Weil sie sich stets im Recht glauben, kommen sie gar nicht

auf die Idee, sich kritisch zu hinterfragen. Aber andere öffnen sich und verstehen den Prozess. Ich glaube, die Leserinnen und Leser dieses Buches gehören zu den Wissbegierigen und sehen, dass die Entwicklung der Persönlichkeit niemals endet.

Mag sein, dass du nicht mehr der gleiche Mensch bist wie vor einigen Jahren. Vielleicht kannst du akzeptieren, dass sich die Vorstellungen im Laufe der Zeit ändern und etwas, das du irgendwann einmal für richtig gehalten hast, nun vielleicht nicht mehr ganz so richtig ist. Du weißt, dein Bewusstsein und deine Intelligenz zu deinem Vorteil einzusetzen. Du kannst einen Schritt zurücktreten, dein Leben urteilsfrei betrachten und zugeben, dass du unter Umständen von eigenen eingebauten Routinen beeinflusst wirst.

Albert Einstein sagte: »Probleme kann man niemals mit der gleichen Denkweise lösen, durch die sie entstanden sind.« Wir verstehen völlig, dass sich etwas ändern muss, wenn wir uns ein anderes Resultat wünschen. Was uns zu einer weiteren Weisheit bringt, die ebenfalls Einstein zugeschrieben wird: »Verändere dein Denken, und du veränderst dein Leben.«

KAPITEL 11

Praktiziere Yoga: die Stellungen des Hundes

Nachdem ich mich in Sachen Lebensführung von Skottï hatte inspirieren lassen, erschien es mir sinnvoll, ihm auch körperlich nachzueifern. Ich hatte nicht vor, zu bellen und auf allen vieren herumzulaufen, sondern wollte ein paar Yogahaltungen in meinen Alltag einbauen.

Ich hatte von der wohltuenden Wirkung des Yoga gehört, es aber nie wirklich ausprobiert. Bis ich irgendwann zufällig ein Buch zum Thema las und von den Namen der verschiedenen Asanas (Haltungen) fasziniert war. Denn einige davon sind nach Hunden benannt.

Der Anblick meines teuren Skottï in einigen Asanas aus dem Buch überzeugte mich davon, dass Yoga einen Versuch wert war. Schließlich war Skottï mein Guru – und da war es ganz normal, dass ich tat, was er tat. Darüber hinaus hatte ich immer wieder Schmerzen im unteren Rücken und dachte, Yoga könnte die Lösung sein.

Ich bin mit dem Ergebnis hochzufrieden und kann jedem empfehlen, sich regelmäßig Zeit für Yoga zu nehmen. Yoga kann das Leben verändern. Natürlich braucht es mehr als ein paar Stunden, um gut darin zu werden. Aber wie bei allen anderen Dingen muss man einfach mal anfangen.

Es gibt viele verschiedene Yogahaltungen. Du musst nicht alle üben, um eine positive Wirkung zu erzielen. Ich kann dir die beiden nach unserem Guru benannten Übungen ans Herz legen. Da wäre zunächst der nach unten schauende Hund. Diese Haltung ist nach der natürlichen Art und Weise benannt, wie Hunde ihren ganzen Körper dehnen.

Sie ist eine der bekanntesten und beliebtesten Yogahaltungen und auch für Anfänger geeignet. Sie kann als Übergangshaltung, Entspannungshaltung sowie zum Kraftaufbau dienen und sollte unbedingt zum täglichen Yogaprogramm gehören.

Der nach unten schauende Hund hat viele positive Wirkungen. Er energetisiert und verjüngt den gesamten Körper. Er bewirkt eine intensive Dehnung der hinteren Oberschenkelmuskeln, Schultern, Waden, Fußgewölbe, Hände sowie der Wirbelsäule und kräftigt zugleich Arme, Schultern und Beine. Er dehnt die Wirbelsäule, stärkt die Brustmuskulatur und erhöht damit die Lungenkapazität.

In dieser Haltung befindet sich der Kopf unterhalb des Herzens, sodass das Gehirn stärker durchblutet wird. Dies kann zum Beispiel bei Kopfschmerzen, Schlaflosigkeit, Erschöpfung und leichten Depressionen Erleichterung bringen. Die stärkere Durchblutung des Gehirns beruhigt auch das Nervensystem, verbessert Gedächtnis und Konzentration und lindert Stress.

Es heißt, wer regelmäßig den nach unten schauenden Hund übt, könne die Verdauung verbessern, Rückenschmerzen lindern und die Osteoporosevorbeugung unterstützen. Die Haltung soll auch bei Nasennebenhöhlenentzündung, Asthma und Senkfüßen wohltuend sein. Das ist eine ganze Menge!

Angesichts der vielen Vorteile verstehe ich, warum Hunde diese Haltung offenbar ganz automatisch regelmäßig üben. Menschen mit Bluthochdruck, schwachen Kapillargefäßen in den Augen oder Schulterverletzungen wird allerdings davon abgeraten. Es ist zwar grundsätzlich besser, Yogahaltungen unter Aufsicht eines geschulten Lehrers zu erlernen. Dennoch möchte ich Leserinnen und Lesern, die noch nie Yoga gemacht haben, eine einfache Schritt-für-Schritt-Anleitung für diese Übung an die Hand geben:

Der nach unten schauende Hund

- Gehe auf einer Matte in den Vierfüßlerstand. In dieser Haltung ähnelt der Körper einem Tisch: Der Rücken ist die Tischplatte, Arme und Oberschenkel sind die Tischbeine. Die Handgelenke sollten sich unmittelbar unter den Schultern, die Knie unmittelbar unterhalb der Hüften befinden.
- Hebe beim Ausatmen die Hüften und versuche vorsichtig, die Beine zu strecken. Achte darauf, die Knie nicht ganz durchzudrücken. Beine und Körper sollten ein umgekehrtes V bilden. Stell dir vor, dass Hüften und Oberschenkel am Oberschenkelansatz nach hinten gezogen werden.
- Die Hände sind schulterbreit voneinander entfernt, die Füße stehen hüftbreit parallel zueinander. Die Zehen zeigen gerade nach vorn.
- Drücke die Hände in die Matte und schiebe das Becken nach oben. Öffne die Schulterblätter. Achte darauf, dass der Hals lang bleibt, indem du mit den Ohren die Innenseiten der Arme berührst. Schiebe die Hüftknochen Richtung Decke und ziehe die Wirbelsäule in die Länge. Drücke nun Fersen und Handflächen gleichmäßig stark in die Matte. Die Fersen können je nach Flexibilität des unteren Rü-

ckens, der hinteren Oberschenkelmuskeln und der Wadenmuskeln den Boden berühren oder auch nicht. Je mehr du übst, desto leichter kommst du mit den Fersen auf den Boden.

- Halte den nach unten schauenden Hund fünf bis zwanzig tiefe Atemzüge. Der Blick ist auf den Nabel gerichtet.
- Beuge zum Verlassen der Haltung beim Ausatmen vorsichtig die Knie und kehre in den Vierfüßlerstand zurück. Ruh dich aus.

Kommen wir nun zum nach oben schauenden Hund. Diese Rückwärtsbeuge dehnt den Rücken und lindert Schmerzen im Bereich der Lendenwirbelsäule. Sie kann sowohl dem Aufbau von Kraft als auch zur Vorbereitung auf tiefere Rückbeugen dienen.

Die Haltung dehnt Brust und Wirbelsäule, sie kräftigt Handgelenke, Arme und Schultern. Da sie Oberkörper und Brust stärkt und öffnet, verbessert sie die Körperhaltung und kann wohltuend bei Asthma sein. Sie hilft, den Rücken im Bereich von Brust und Bauch geschmeidig zu machen, stimuliert die Bauchorgane und fördert die Verdauung. Zu guter Letzt festigt sie Po und Oberschenkel und unterstützt die Linderung von Ischiasschmerzen.

Die Rückwärtsbeuge energetisiert und verjüngt den ganzen Körper, bekämpft Erschöpfung und leichte Depressionen. Hier die Übungsschritte:

Der nach oben schauende Hund

- 🐾 Lege dich bäuchlings auf die Matte. Die Beine sind nach hinten ausgestreckt und ein paar Zentimeter voneinander entfernt, die Arme liegen neben dem Körper. Die Zehen sollten nicht aufgestellt sein, da dies die Wirbelsäule stauchen kann.
- 🐾 Lege die Hände auf Höhe der unteren Rippen neben dem Körper auf die Matte. Die Finger zeigen zur Stirnseite der Matte. Ziehe die Ellenbogen ganz nah zum Brustkorb.
- 🐾 Drücke beim Einatmen die Handflächen fest in die Matte, strecke die Arme und hebe Oberkörper, Hüften und Knie langsam ein paar Zentimeter vom Boden. Das Körpergewicht sollte nur auf den Handflächen und Fußoberseiten ruhen.
- 🐾 Die Ellenbogen bleiben am Körper. Ziehe die Schultern weg von den Ohren und hebe die Brust zur Decke.
- 🐾 Du kannst den Blick geradeaus richten oder den Kopf leicht nach hinten neigen und zur Decke schauen, wenn dein Hals beweglich genug ist.
- 🐾 Achte darauf, dass die Handgelenke eine Linie mit den Schultern bilden und der Hals nicht überlastet wird.
- 🐾 Halte die Stellung bis zu 30 Sekunden und atme dabei tief ein und aus.

🐾 Senke zum Verlassen der Haltung beim Ausatmen Knie, Hüften und Oberkörper wieder langsam zur Matte.

Je mehr du übst, desto klarer werden die in diesem Buch beschriebenen Prinzipien und desto klarer wird allmählich auch ihr Sinn. Wir haben weiter oben davon gesprochen, im Jetzt zu leben. Ich habe gelernt, dass es neben der körperlichen Dimension auch eine geistige, emotionale und spirituelle Dimension des Yoga gibt.

Genau genommen dreht sich beim Yoga alles darum, im gegenwärtigen Augenblick zu sein – dem Atem zu lauschen, den Körper zu beobachten und zuzulassen, dass Atem und Körper sich in den verschiedenen Haltungen verbinden. Yoga verankert dich im gegenwärtigen Augenblick. Mit der Zeit lernst du, mit deiner vollen Aufmerksamkeit und Energie auf die Ereignisse des Lebens zu reagieren und dabei ebenso vorzugehen wie in der Yogapraxis.

Yoga ist auch eine gute Möglichkeit, bedingungslose Selbstliebe zu erlernen. Du lernst, deine Grenzen zu akzeptieren und Geduld mit dir zu haben. Manchmal musst du monatelang, wenn nicht gar jahrelang üben, um eine Haltung so vollständig zum Ausdruck zu bringen, wie es dir möglich ist. Wenn du anfängst, Yoga zu praktizieren, begibst du dich auf Entdeckungsreise in dein Inneres. Es ist eine Reise großer Selbsterfahrung und Selbstakzeptanz.

Du wirst dich immer weniger darauf verlassen müssen, dass dich eine äußere Quelle mit Glück und Liebe versorgt. Einige Haltungen sind beim ersten Versuch vielleicht unangenehm. Aber mit der Zeit wirst du verstehen, dass es keinen Sinn hat, dich mehr anzustrengen – du musst dich einfach fügen, dein Bestes tun und eine mitfühlendere Beziehung zu dir selbst aufbauen. Wenn dein Körper bereit ist, wird die Haltung irgendwann zu dir kommen.

Du wirst verstehen, dass du letztlich nur eines tun musst: dem Prozess des Lebens vertrauen. Vertrauen hat immer etwas Magisches. Habe Vertrauen und versuche nicht, alles zu kontrollieren, sondern gib dich aufrichtig hin.

Schlusswort

Wir sind nun am Ende dieses Buches angelangt, aber lasst uns eine letzte Lektion von unserem Guru lernen. Ein Hund, der im Wagen seines Herrchens sitzt, hat keine Ahnung, wohin die Reise geht. Er genießt die Fahrt, steckt den Kopf zum Fenster hinaus und spürt den Fahrtwind in seinem Fell. In diesem Augenblick kümmert es ihn nicht, ob ihm ein Ausflug oder ein Besuch beim Tierarzt bevorsteht, wo ihn eine unangenehme Untersuchung oder eine Spritze erwarten. Er weiß nicht einmal, wie der Wagen funktioniert.

Und das ist der springende Punkt: Für ihn zählt vor allem die Fahrt. Wenn der Wagen unterwegs aufgetankt oder ein platter Reifen gewechselt werden muss, macht nur der Fahrer einen gestressten Eindruck. Den Hund kümmert die Verspätung nicht.

Auch wir sollten im Leben nehmen, was kommt, ohne frustriert zu sein, wenn es sich anders entwickelt, als wir uns das vorstellen. Lasst uns nicht allzu viel überlegen, wohin die Reise geht. Lasst uns auf Erwartungen verzichten und unerschütterlich daran glauben, dass das Universum für uns sorgt und nur Ziele ansteuert, die zu unserem Besten sind. Lasst uns den Kopf aus dem Fenster des Lebens stecken und den Fahrtwind spüren!

Ich selbst denke bei einem unerwarteten mechanischen Problem mit meinem Motorrad inzwischen gerne, dass es gewiss einen guten Grund dafür gibt – selbst wenn ich dadurch zu spät komme. Ich sehe es positiv und glaube, dass es mich vor größeren Schwierigkeiten, zum Beispiel einem Unfall, bewahren soll.

Es heißt, Motivation sei nicht von Dauer. Deshalb wird sie mit dem Baden verglichen – denn baden müssen wir jeden Tag aufs Neue. Ich sehe das genauso. Wir wissen, dass es unmöglich ist, Tag für Tag rund um die Uhr positiv zu bleiben. Es gibt immer irgendetwas, das uns die Laune verdirbt. Das ist bestimmt auch einer der Gründe, weshalb Motivationsbücher weggehen wie warme Semmeln.

Wer einen Hund hat, dem rate ich dringend: Sobald du niedergeschlagen bist, solltest du deine augenblickliche Tätigkeit kurz unterbrechen, ein paarmal tief durchatmen und deinen Hund ansehen. Das wird wie eine Vitaminspritze wirken, und indem du dir die in diesem Buch vorgestellten Prinzipien ins Gedächtnis rufst, kannst du die schlechte Laune blitzschnell vertreiben.

Wer keinen Hund hat, ist nun vielleicht versucht, sich einen vierbeinigen Gefährten anzuschaffen! Du wirst diese Entscheidung niemals bereuen. Du weißt ja, ein Hund ist mehr als ein

Hund. Er ist ein Guru, der dich daran erinnert, wie man ein gutes Leben führt.

Es ist bedauerlich, dass Hunde nicht fähig sind zu sprechen. Sie sind auf ihre Art so ausdrucksstark, dass ich mich immer frage, was sie wohl sagen würden, wenn sie nur sprechen könnten. Da Skottï mein Guru ist, würden ihm bestimmt ein paar gute Sprüche einfallen, oder?

In seinem Buch *Discours de la méthode* (1637; Dt.: *Abhandlung über die Methode des richtigen Vernunftgebrauchs und der wissenschaftlichen Wahrheitsforschung*) prägte der französische Philosoph René Descartes den lateinischen Ausdruck: *Cogito, ergo sum* (»Ich denke, also bin ich«). Er bezieht sich darauf, dass die denkende Identität eines Menschen das Selbst und folglich der Beweis dafür ist, dass sowohl »ich« als auch »wir« existieren. Dann könnten wir jedoch diskutieren, was dieses »Ich«, auf das wir uns berufen, eigentlich *ist*. Es birgt so vieles in sich – Ideen, Wahrnehmungen, Bilder. Aus diesem Grund fällt es uns auch so schwer, eine Antwort zu geben, wenn wir mit einfachen Worten beschreiben sollen, wer wir sind.

Das denkende »Ich« entspringt dem Geist, und wie wir wissen, sorgt es nicht zwingend für einen glücklichen Alltag. Im Gegensatz dazu können wir sagen, dass Skottï nicht denkt, was nach dem Grundsatz von Descartes bedeuten würde, dass er »nicht ist«, im Sinne von »Ich denke nicht, also bin ich nicht«.

Ich bin alles andere als ein Philosoph, aber ich spiele gern mit Worten und vergnüge mich oft mit Gedanken über dieses »Ich bin«. Daher muss ich folgern: Wenn Skottï schon nicht *denkt,* so weiß er doch zumindest, wie man ein gutes und glückliches Leben führt – das haben wir im Laufe dieses Buches gesehen.

Wenn Guru Skottï sprechen *könnte* und deshalb das letzte Wort in diesem Buch hätte, würde er wohl sagen: »Ich denke nicht viel, also bin ich glücklich.«

Mit diesen heiteren Worten wünsche ich allen Leserinnen und Lesern ein überaus glückliches Leben!

Dank

Das Jahr 2015 war nicht einfach für mich. Zuerst verlor ich überraschend meinen Job, dann musste ich nur einen Monat später nach Paris zurückfliegen, um mit meinem Vater und meiner Familie Abschied von meiner Mutter zu nehmen, die nach langer Krankheit für immer eingeschlafen ist. Natürlich musste meine Mutter irgendwann sterben, genau wie alle anderen Menschen. Und was den Job betrifft: Es wird immer einen neuen geben. Aber in Zeiten wie diesen beginnt man dennoch, alles infrage zu stellen. Warum ist das passiert? Warum gerade jetzt?

Damals las ich viele Selbsthilfebücher, um Antworten zu finden, und als Erstes möchte ich all diesen Autoren danken. Sie halfen mir, diese Zeit zu überstehen und zu begreifen, dass alles einen Grund hat und zu unserem Besten geschieht.

Heute weiß ich, dass dieses Buch zu ebendiesem Zeitpunkt geschrieben werden sollte – was vermutlich nicht geschehen wäre, wenn das Jahr 2015 anders für mich gelaufen wäre. Deshalb sollte ich dem Leben wohl einfach dafür danken.

Ich danke auch allen, die mich bei diesem Projekt unterstützt haben, das als persönliche Herausforderung begann.

Ich danke Skotti, meinem treuen Gefährten, der immer in meiner Nähe war, wenn ich schrieb, und jederzeit bereitwillig mit mir spielte, wenn es mir an Inspiration fehlte.

Ich danke meiner Familie, meinen Freunden und Bekannten, die mir stets Mut machten, wenn ich mich mit ihnen über das Projekt unterhielt.

Zu guter Letzt möchte ich meine Dankbarkeit gegenüber dem Hay-House-Verlag zum Ausdruck bringen.

Ich danke Hay House India für die freundliche Unterstützung und das Vertrauen, das man bereits nach der Lektüre der ersten Kapitel in dieses Buch setzte. Ich hatte damit gerechnet, nach der Einsendung des Manuskripts einige Monate auf Antwort warten zu müssen, und war freudig überrascht, als ich nur wenige Tage später eine positive Rückmeldung und einen Vertrag erhielt.

Ich danke auch Hay House United Kingdom und seinen wunderbaren Mitarbeitern, die sehr schnell entschieden, das Buch international anzubieten und es zu einem Erfolg zu machen, wie ich ihn mir zu Beginn des Projekts niemals erträumt hätte.

Selbstverständlich danke ich auch meinen Engeln, wo immer sie sind.

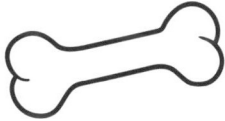

Über den Autor

Gilles Moutounet ist Franzose, in Paris geboren und aufgewachsen. Er lebt seit vielen Jahren mit seiner Familie in Indien, und es schien ganz selbstverständlich, dass er irgendwann einen Guru finden würde.

Um seinen Töchtern Léa und Naïa eine Freude zu machen, nahm er vor einigen Jahren den Springer Spaniel Skottï in die Familie auf, der schnell zu einem guten Gefährten wurde. Als Gilles sich später der Herausforderung stellte, ein Buch zu schreiben und zu veröffentlichen, wurde Skottï zur Quelle seiner Inspiration.

Gilles liebt die Natur und ist im Herzen ein Abenteurer. In seinen freien Stunden liest er Bücher zum Thema Persönlichkeitsentwicklung und klettert mit großer Begeisterung auf Felsen. Wenn er nicht gerade ein neues Buch liest oder mit Skottï spielt, ist er mit dem Motorrad unterwegs oder irgendwo draußen in der Natur anzutreffen.

Bildnachweis

Illustration von Skottï: Sabine Israel/co. kombinatrotweiss-illustration

Fotos von Skottï: Gilles Moutounet

Weitere Illustrationen und Hintergründe:
Istock: 11 (bulentgultek), 36–37 (valeo5)
Shutterstock: 3 (Oakview Studios), 5 (Transia Design),
6–7 (FrameArt), 8–9 (Transia Design), 10 (CNuisin),
12 (pingebat), 13 (RomanK), 27 (Zoran Milic),
29 (The DesignCroc)

Unsere Leseempfehlung

144 Seiten
Auch als E-Book
erhältlich

Superschnell, superleicht, klappt garantiert! Dieses Buch ist für alle, die bisher der Meinung waren, Meditation sei schwer, langwierig und mit körperlichen Schmerzen verbunden. Pascal Akira Frank, selbst Autodidakt und Genussmeditierender, hat den idealen Ratgeber für alle Lotossitz-Gefrusteten geschrieben. Wirksame Übungen und praxiserprobte Tricks helfen, die häufigsten Probleme wie Gedankenwandern, Müdigkeit oder Motivationsdurststrecken zu überwinden. Für Anfänger und Fortgeschrittene.

www.goldmann-verlag.de
www.facebook.com/goldmannverlag

Unsere Leseempfehlung

160 Seiten
Auch als E-Book
erhältlich

Als Kenso, der Mönch, die Bekanntschaft des freundlichen Herrn macht, hat er gerade alles hinter sich gelassen: das weltberühmte Bergkloster, den hohen Rang, seine Schüler, die Novizen und Mönche, die er unterwies in der Lehre der Authentizität. Ein fremdes Gefühl hatte ihn von dort fortgetrieben und nun war er hier, in der Stadt, in einer Bar. Kenso entschließt sich, zunächst einmal zu bleiben und sich den Fragen der Menschen zu widmen. So entspinnen sich wunderbar weise Dialoge über die wahre Liebe, das Geschenk der Vergänglichkeit oder ein wahrhaft authentisches Leben.

www.goldmann-verlag.de
www.facebook.com/goldmannverlag

Unsere Leseempfehlung

224 Seiten
Auch als E-Book
erhältlich

Wer gelassen bleibt, lebt nicht nur gesünder, sondern auch erfüllter. In der uralten Lehre des Yoga ist Gelassenheit eine der vier Säulen, die zur Erleuchtung führen. Sukadev Bretz zeigt am Beispiel des Raja-Yoga, wie jeder König über seinen Geist werden kann. Mentale und körperliche Übungen helfen uns, der Hektik des Alltags ruhig und achtsam zu begegnen und emotionale Belastungen als Geschenk anzunehmen. Sie erweisen sich unversehens als wertvolle Begleiter auf dem Weg zur persönlichen Entfaltung.

www.goldmann-verlag.de
www.facebook.com/goldmannverlag

GOLDMANN
Lesen erleben